地理学科核心素养下的自主学习教学实践研究

范发平◎编著

四川科学技术出版社

图书在版编目（CIP）数据

地理学科核心素养下的自主学习教学实践研究 / 范
发平编著 .-- 成都：四川科学技术出版社，2024.1
ISBN 978-7-5727-1283-8

Ⅰ.①地… Ⅱ.①范… Ⅲ.①中学地理课—教学研究
—高中 Ⅳ.① G633.552

中国国家版本馆 CIP 数据核字 (2024) 第 007343 号

地理学科核心素养下的自主学习教学实践研究

DILI XUEKE HEXIN SUYANG XIA DE ZIZHU XUEXI JIAOXUE SHIJIAN YANJIU

范发平　编著

出 品 人　程佳月
策划统稿　罗小燕
责任编辑　吴　文
装帧设计　书点文化
责任出版　欧晓春
出版发行　四川科学技术出版社
　　　　　成都市锦江区三色路 238 号　邮政编码　610023
　　　　　官方微博：http:// weibo. com/sckjcbs
　　　　　官方微信公众号：sckjcbs
　　　　　传真：028-86361756
成品尺寸　145mm×210mm
印　　张　6.25　　字　数　160 千
印　　刷　四川科德彩色数码科技有限公司
版　　次　2024 年 1 月第 1 版
印　　次　2024 年 1 月第 1 次印刷
定　　价　76.00 元

ISBN 978-7-5727-1283-8

邮　　购：成都市锦江区三色路 238 号新华之星 A 座 25 层　邮政编码：610023
电　　话：028-86361758

编 委 会

序

新核心素养·高中地理

21世纪以来，随着互联网的发展，学生获取信息的途径更加多元化和多样化，基础教育也迎来了很多机遇和挑战。现代教育提倡学生应具备能够适应终身发展和社会发展需要的必备品格和关键能力，但应试教育现象依然存在，教师和家长过于重视考试成绩，往往忽略对学生学习兴趣的培养，较少注重学生学习习惯的养成，不利于学生学科核心素养的养成。教育是一项长期任务，学习则伴随一个人成长的全过程。现代教育理念越来越注重学生的素质教育和学生综合技能的培养与发展，要真正实现由"应试教育"向"素质教育"的转变，更应该培养学生的自主学习能力，发展核心素养，落实立德树人的根本任务。

初中地理侧重区域地理的学习，以感性知识的描述和结论性知识为主，学生学习起来比较简单。高中地理以理性知识学习为主，尤其是自然地理中的一些地理规律和原理性知识较抽象，对学生来说生涩难懂。因此，在高中的地理教学中，尤其需要教师对学生自主学习的习惯和能力进行培养。引导学生自主学习，进行探究活动的过程，是有效增强学生的主体地位、培养学生主动学习的教学方法之一。在课堂中，自主学习不仅能调动课堂氛围，还能提高学生独立解决问题的能力，培养创新思维，为学生成长为社会发展所需要的人才奠定基础。那么在地理教学中如何让学生自主学习，让学生自主发现知识并独立地掌握知识，有效落实地理核心素养目标是当前教育中值得研究的问题。

范发平老师自 2006 年起一直在广东省清远市第一中学担任高中地理创新班教师，具有丰富的一线教学经验，在教学工作中成绩优异，曾获清远市第一中学"优秀园丁""广东省优秀中学地理教育工作者""清远市教坛标兵"等荣誉称号，对于高中地理学科的教学与学生学科核心素养的培养具有独到的思考与见解。此外，范发平老师长期开展高中地理教学与学科课题研究，有扎实的教学和教研能力，撰写了多篇教学论文并在省级以上刊物发表，教研成果丰硕。

本书是基于范发平老师主持的清远市第 19 批教育科学研究课题《学科核心素养下高中地理教学中的自主学习策略研究》而编制的一本教学课题书籍。范发平老师通过对国内外有关地理教学与自主学习的相关研究成果进行梳理，以及对高中学生主动参与地理教学的情况进行多样化的调查分析，反思在核心素养时代下高中地理课堂教学存在的问题，以此对学生自主学习能力的培养进行研究与实践。该书对自主学习地理知识的内容选择原则，课内学生自主学习地理知识的模式，课外学生自主学习地理知识的内容、途径等内容进行了详细深入的阐述，在促进高中学生关键能力的发展和地理学科核心素养的形成方面具有重要的理论和实践价值。通过问卷调查，该书较客观地反映了高中地理教学中学生主动参与的情况，分析了学生参与地理学习的态度、兴趣度、参与形式和效果等方面的内容，进而得出研究结论。

此外，该书整理了有关"课中问题研究"板块的教学方式模板，大量"课前任务驱动—课中师生互动—课后培育自动"的"三动式"高效课堂学案、课件以及课外研学活动的操作办法，这些成果均来自教学实践。对学生而言，精心设计的课外活动通过联系现实、实践体验等方面，有助于激发学生的学习兴趣；基于教材和社会生活素材所设计的探究问题，有利于提高学生的综合思维能力。对教师而言，这些成果可以帮助教师巩固所学的新课标理论知识、加深对教学理论的理解，同时丰富和充实高中地理课程教学改革内容，提高地理自主教学的针对性，对于全面实施素质教育具有一定的现实意义。

本书中的方法和建议不仅有助于学生成为"活生生"的地理知识学习者，还能够促进学生的全面发展，培养学生的地理学科核心素养，对高中地理课堂教学具有较大的参考价值。在当前我国地理学科核心素养的培养强力推进、地理教育价值日益凸显的背景下，这本作为高中地理课堂的研究性著作，将在地理教育深入发展中起着积极的推动作用。也期待更多的教育工作者能够像本书所提倡的那样，积极推动高中地理教育的创新和发展。

文远金

2023 年 10 月 10 日

目录
CONTENTS

教学篇

研学篇

研究篇

学科核心素养下高中地理教学中的
自主学习策略研究

范发平

一、研究的背景

《普通高中地理课程标准》从"双基"——基础知识、基本技能，扩展到"三维目标"——知识与技能、过程与方法、情感态度价值观，再扩展到 2017 年最新版的"四核心要素"——人地协调观、综合思维、区域认知、地理实践力，以此要求学生要有更强的自主学习能力。高考地理对学生的能力要求：一是获取和解读信息的能力；二是调动和运用知识的能力；三是描述和阐述事物的能力；四是论证和探讨问题的能力。这四项能力既能检测学生对基础知识全面掌握的程度，也能考查学生对知识的理解、运用能力，更能考查学生自主学习的能力，以及学生探究事物本质、解决实际问题和创新的能力。

2017 年，在我国新一轮课程改革中，特别要求学生学习方式的转变。实现人的自主发展是全面推进素质教育、实施基础教育新一轮课程改革要实现的目标之一。为此，新课程实施倡

———————————
* 本文为清远市第 19 批教育科研课题项目成果。

导自主学习这一新的学习方式。提倡和运用能发挥学生主体性的多样化的学习方式,让学生成为学习的主人,使学生主体意识、能动性和创造性不断得到发展,以培养学生的创新精神和实践能力。在中学地理教学中如何让学生自主学习,如何让学生自我发现知识并独立地掌握知识,正是当前地理教学全面推进素质教育、培养学生各种能力的迫切要求。因此,在教学中,教师应让学生的一切学习活动均建立在满足学生发展需要和已有经验的基础上,让学生自主提出问题,自主解决问题,独立观察、思考、实验、操作等,互相交流研讨,并按自己的想法和要达到的目标去"自由"地获取知识。鉴于此,本课题组成员在高中地理教学中,进行学生自主学习能力培养的研究与实践,满足学生未来发展的需要。

二、研究的基本内容

"学科核心素养"是指:学科育人价值的集中体现,是学生通过学科学习而逐步形成的正确价值观念、必备品格和关键能力。地理学科核心素养主要包括人地协调观、综合思维、区域认知和地理实践力,它们是相互联系的有机整体。

"自主学习"的定义可归结为:自主学习是一种学习者在总体教学目标的宏观调控下以及教师的指导下,根据自身条件和需要自由地确立学习目标,选择学习内容、学习方法并通过自我调控的学习活动完成具体学习目标的学习模式。

"地理教学的自主学习"是指在地理教学过程中,教师要努力做到引导学生回顾各自的学习过程,引导学生交流各自的学习过程,引导学生主动探索各自的学习过程,并向学生示范式地展示学习过程;注重引导学生创造性学习,着力启发诱导学生把所学的知识与各自已有的生活经验相联系,与各自已有的知识体系相联系，形成符合自身实际的良好的知识结构，以利于今后在相似的学习情境中主动迁移，举一反三，形成独具特点的自主学习能力，以达成学习目标。

为了了解目前高中地理教学中学生主动参与学习的情况，本课题组成员对学生进行了问卷调查。调查围绕学生参与地理学习的态度、兴趣度、参与形式、效果等方面展开，尽可能客观地反映实际情况，获取第一手资料；并对结果进行了系统的分析，得出具有代表性的、科学性的结论，为本课题研究提供必要的参考。本课题研究的主要内容如下。

（一）自主学习地理知识的内容选择原则

（二）课内学生自主学习地理知识的模式

合作探究是实现学生课堂主动参与学习的主要方式。本课题主张在课堂上采用"课前任务驱动—课中师生互动—课后培育自动"的"三动式"高效、激情课堂模式，从而让学生养成自主阅读、自主思维、自主探究的能力。

（三）课外学生自主学习地理知识的内容、途径

本课题组成员别出心裁，充分挖掘教材、创造性地使用教材内容，精心设计课外活动内容，引导学生的内在学习需求，让学生在课外主动、自觉地学习地理知识，从而让学生学到活生生的地理知识。学生只有对地理学习产生了浓厚的兴趣，才会对地理学科产生一种特殊的情感，主动地参与地理学习。

三、研究的重点

（1）如何研究出适合学校实际情况的普通高中地理课程标准实验教材（必修）中有关"课中师生互动"板块的问题设计策略。

（2）如何开展课外研学活动。

（3）如何提炼课外研学活动的成果和行之有效的校本课程等。

四、研究的方法

1. 文献资料研究法

借鉴其他人在这方面的研究成果，通过获取必要的研究资料，吸收前人的优秀成果。

2. 比较论证法

通过与其他相似课题的研究相对比，分析本课题组研究的优势和不足，不断地调整本课题组的研究方法。

3. 调查研究法

通过调查了解学生对"课中问题研究"探究性学习能力的分析情况以及教师对学生"课中问题研究"探究性学习的教学方法和处理措施的情况，及时收集在各种不同处理策略下的教学效果，不断地修订本课题组的研究策略。

4. 实验操作法

通过教师对"课中问题研究"探究性学习的课堂实际操作，课题组成员一起学习、交流、讨论，不断地完善教学模式的设计，提高"课中问题研究"的教学效果。

5. 经验总结法

在研究的过程中力争做到有针对性和实效性，并将实验研究的有关资源、方法作为经验或理论总结，撰写教学论文及案例。通过总结，从中吸取积极的教学方法和经验，提炼课题成果。

五、国内外同类课题研究现状

近年来，国内外的专家和教师虽然对普通高中地理课程标准实验教材进行了一些有益的研究和探索，但还存在一些不足之处，主要表现在："课中师生互动"板块的问题设计只是选取个别的章节板块来研究，较少有从整册教材的全部"课中问题研究"板块来研究，从而显得不够系统。2017年，新教材的使用使得本课题的研究更具意义。如何开展课外研学活动，如何提炼课外研学活动的成果和行之有效的校本课程等大有研究空间。通过研究，帮助学生提高探究学习能力，实现学习方式的改变与优化，提高自主学习能力，提升综合地理素养。

六、研究的理论意义和实践意义

1. 理论意义

本课题的研究有利于教师巩固所学的地理新课标理论知识、加深对相关理论的理解，可以丰富和充实高中地理课程教学改革内容，提高地理课堂教学的针对性，有效地转变学生的学习方式，促进学生主动学习、全面发展，调动学生学习的主动性、自觉性、积极性，对于全面实施素质教育具有一定的现实意义。

2. 实践意义

本课题的研究能引导学生开展研究性学习，拓宽学生的地理视野，在培养学生关心地理时事的态度和形成科学地理观上有独特之处，有利于培养学生自主学习的能力和探究问题的精神。本课题研究结合了学校办学条件和学生现状，教师在参与本课题研究的同时，可以不断提高自己的专业水平和教学水平，推动学校高中地理教学迈向更高的层次，推动学校教学质量整体提高。

七、研究的过程

（一）研究阶段划分

本课题研究分为三个阶段：准备阶段；研究阶段；结题阶段。

（二）研究阶段

1. 准备阶段

此阶段的主要工作是查找、收集资料，开展问卷调查，收集自主教学的相关理论，进行内部论证，设计研究方案，申报立项。

（1）成立课题研究小组。

（2）做好课题组成员的分工。

（3）聘请专家级教师组成课题指导委员会。

（4）准备课题研究需要的软、硬件设备和经费。

（5）学习课题研究背景，了解国内外研究现状，把握理论依据，拟定实施方案。

（6）购买科研资料。

（7）开展问卷调查，对学生"课中问题研究"探究性学习情况进行相关调查和统计分析。主要从学生对地理资源的了解情况，对人教版地理教材的学习情况，以及对清远市第一中学地理教学情况进行调查分析并分别论证。

2. 研究阶段

（1）确定研究原则。关于研究基本原则的确定，课题组成员首先采用集中学习和个人自学相结合的方式提升理论水平，然后集中讨论确定研究的基本原则。本课题的研究重点是：自主学习地理知识的内容选择原则的研究；"三动式"高效课堂中"课中师生互动"环节如何开展"课中问题研究"课堂教学方式的选择；地理研学活动的内容选择等。为了达到预期目标，本课题研究必须遵循以下三个主要原则：

①作为地理教师，必须根据课程的特点，结合学生实际，努力提高教学能力，激发学生的学习兴趣。

②适当开展课堂讨论与辩论，引导学生进行自主学习。教学活动是教师与学生的双边活动，但在教学中，学生是认识的主体，教师应充分发挥学生的主体作用，引导学生积极参与课堂教学，成为课堂的主人。讨论与辩论是让学生投入到学习活动中的一种良好方式。

③联系生活，开展地理课外活动，在实践中提高学生自主学习的能力。地理课中许多内容与现实生活密切相关，教师应带领学生走出课堂，开展地理课外活动。

在"三动式"高效课堂研究中，"课中师生互动"的"课中问题研究"板块的处理应遵循以下原则。

①主体性原则："课中问题研究"板块的主要目的是通过师生共同交流，展现学生是教学的主体，注重培养学生的主体精神与自我学习能力，培养具有主体性、富有个性的学生群体。

②过程性原则："课中问题研究"板块从新课程目标要求来看，应重点关注学生参与问题探究的积极性、能力的提升，情感的变化，创新能力的提高以及能否发现问题、提出问题和解决问题等。

③探究性原则："课中问题研究"板块的设计目的是培养学生自主学习、合作学习和探究学习的能力。

④多元化原则："课中问题研究"板块的评价主体应该多元化。

⑤发展性原则："课中问题研究"板块的学习必须让学生作为主体参与到问题探究中去。

（2）在学习理论的基础上提出和确立课题研究的相关教学

设计、课例和研习的基本案例。

（3）创设情景，开展高中地理教学中的自主学习策略与范例探究，在实践中开展课题研究。

高中地理教学中的自主学习策略分两部分。

1）合作探究是实现学生课堂主动参与的主要方式。

本课题主张在课堂上采用"三动式"的高效、激情课堂模式，从而让学生养成自主阅读、自主思维、自主探究的能力。这种课堂模式在吸收翻转课堂教学模式的基础上，进一步形成了地理课堂中师生有效互动、学生有效学习的崭新形态。

教师在授新课前认真备课，课中再小组讨论，从而形成切实可行的"三动式"高效课堂学案。学生们提前拿到学案后，做好第一环节"课前任务驱动"。

"三动式"高效地理课堂的要求。在讲课之前，教师的准备工作很重要。首先，在备课环节需要教师进行集体备课，统一课前参与题目，然后在此基础上，每一位教师再将教学内容与每一个班级的学生接受实际情况相结合，进行具体的修改。设置的问题既要符合学生的实际，又要简洁精练，不能增加学生的学习负担；另外，问题还要有一定的指导性和拓展性。

在进行课堂讨论时，要想真正落实讨论，不落入形式主义的套路中，教师就必须要指导学生进行课堂讨论的基本技能和方法、技巧的训练，还要对学生交往、倾听、互动评价等能力进行训练。只有在学生具备了相应的能力之后，所进行的课堂讨论才能真正落实，才能确保研讨的质量和效果。

自主能力是培养其他相关能力的第一步，应始终引导学生自主思考，自主领悟。为了让学生更好地体验地理、融入地理、感悟地理，在课堂上要注意发挥每一个学生的主观能动性，凸显学生的主体地位。

首先要营造自主学习的氛围。课堂上教师要尊重学生的个性，相信学生的潜力，和学生建立民主、平等的师生关系，增强情感意识，努力做到站在学生的立场上思考问题。要热情鼓励学生放开思路，大胆发言，不轻易批评学生，让学生在轻松的环境中学习。

其次要重视导学案的设计。许多地理教师在进行教学设计时，往往只关注教学进度是否完成，教学环节是否流畅，教学点拨是否及时到位等，忽视了对学生学法的研究设计。事实上，高效的地理课堂，教师更关注把学生活动设计放在首位，导学案的设计就是其中最有效的方法。

地理导学案是指教师为指导学生进行主动学习而编制的学习方案，供学生在课前预习、课堂学习和课后复习时使用。地理导学案能大大减轻学生的课业负担，让学生把更多精力投入到课堂思考、讨论、记忆及运用上来，从而达到规范教学、减负增效的目的。地理导学案是引导学生主动学习的路线图，也是教师指导学生学习的方案，导学案不仅明确学生学习的内容，而且能使学生的思维过程比较清晰，课前充分预习，课上充分展示，体现认知规律，引导学生主动参与，培养学生主动学习的习惯和合作交流能力。教师只有深刻理解教学内涵，精心设计每个教学环节，才能编写出一份真正体现新课改理念的导学案，从而为构建高效的地理课堂打下坚实的基础。

"三动式"高效课堂教学主要是在教师的指导下，学生通过自主参与课堂中的一系列和多种形式的探究学习活动，是学生自主获取知识、应用知识、解决问题，培养学生能力的一种教学方式。因此在地理教学中应该重视对探究式学习的研究和应用，应重视学生对所学知识、技能的实际运用。

"三动式"高效课堂学习活动是高中阶段探究性学习活动

主要两大类型之一，另一类是基于研究性学习的探究性学习。

"课中师生互动"环节是学生自主学习的关键，也是教师引领学生进行探究活动的关键所在，也是本课题最重要的组成部分。因此如何结合日常教学，创设有利于激发问题意识的教学是形成探究性问题的关键，也是教师们进行课题实践的前提。

结合实际的课堂教学，我们主要从以下三个方面入手。

①通过课本现成问题探究。人教版高中地理教材中有现成的问题探究材料，学生可以自发从其中逐渐发现自己感到困惑的问题，从而引起进一步探究的兴趣和活动。如"如何看待农民工现象"，我们在研究中采取将教学班的学生分为四个合作小组，分别是"农民工"组、"城市"组、"农村"组、"政府"组，每个小组分别研讨。"农民工"组研讨的问题是：农民工进城从事的行业有哪些？促使他们进城的原因是什么？"城市"组研讨的问题是：农民工进城对城市的影响？"农村"组研讨的问题是：农民工进城对农村的影响？"政府"组研讨的问题是：农民工进城带来的问题及其处理对策？各小组研讨过后，展示自己小组的成果。本课题组将此种教学方式在 2018 级的高一学生中进行了实验，这种教学方式成为深受学生喜欢的上课方式之一，很好地培养了学生的综合思维等地理学科核心素养。

②通过实验引出问题探究。在教学高中地理自然地理原理部分时，如果让学生亲手操作或观察教师的演示实验，出乎意料的实验现象或结果往往使学生大惑不解，从而引起他们强烈的探究欲望，急切地想把实验中的"奇怪"现象弄明白，这是问题探究在教学中形成探究式教学中一种普遍的做法。如"水土流失"这一节内容的教学，我们就采取实验的方式来进行。首先准备好木板一块，长约 1 米，宽约 30 厘米；苔藓草皮一块，青苔一束，能覆盖木板即可；水盆一个；喷水壶一个；黄土、沙土、

黑质土壤若干克；清水5升以上。再将全班学生每5人分为一组准备用品，并选出实验小组长。一名学生负责支木块，并调节木块的倾斜角，按要求放置木块上的覆盖物；一名学生负责喷水，并按记录员提供的时间、喷水强度喷水；一名学生掌握喷水时间，做实验记录；一名学生负责更换土质材料。记录表中分为四大类型：地表植被（有较厚草皮覆盖的泥土）；土质性质（黄土加盖草皮、黑土加盖草皮、沙土加盖草皮）；降水强度（小雨、大雨；长时间、短时间）；地形坡度（坡度在25度以上；陡坡在60度以下）。每个类型记录：观察到的现象；水土流失的情况。最后学生将实验结果进行归纳总结，师生修订结论。这样的教学方式可以达到以下教学效果：A.通过实验激发了学生的学习兴趣，培养了学生分析事物、研究自然现象的习惯，让学生学会了实验的方法，增强了对水土流失严重性的认识。B.通过直观教学，培养了学生发现问题、分析问题、解决问题的能力。学生根据所学的知识，认识了治理环境重在保持水土，保持水土的根本方法在于植树种草，从而对退耕还林、退牧还草政策加深了理解，受到了思想教育。C.水土流失这一知识点，涉及环境保护等问题，也涉及生物、地理的相关问题，以此为切入点，使学生学一门知识，掌握了几个学科中的有关知识，有利于学科间知识的整合。通过学习，每一个学生不仅能知其然，还能知其所以然。D.通过实验化难为易，激发了学生学习地理知识的积极性，让他们更易于掌握相关知识点，在实践中获得知识。用事实说话，教师在讲课中省去了乏味的讲解，使学生学得好、学得活。

③通过合作讨论生成问题探究。"自主、合作、探究"是新课程理念的核心内容。在课堂上，教师应努力使学生在科学合作探究中学会交流与共享，交流在课堂上主要表现为表达、

倾听、讨论。在科学探究学习中，合作讨论也是一种十分重要、有独特作用的学习方式，通过学生之间的信息交流、沟通，能激发产生新的问题。如通过研究性学习活动开展课题研究，通过小组合作解决教学中的难点、重点。在教学人教版地理必修第二册人文地理部分时，由于其知识点多、覆盖面广，是学生难掌握的内容。我们通常把班级学生每 8 人一组进行分组，每个小组选择一个内容作为小组研究性学习的内容，从课本内容中设计出问题探究，然后得出参考答案。一段时间后由课代表收集展出，并在课堂上给每一个小组 5 分钟时间与班级同学分享。通过小组自主探究合作学习开展活动，学生们基本上能掌握课本内容。

为了进一步提高课题组成员的研究能力，我们采取了范例研究的方式，即由一到两名教师先开展课题的实践研究，再总结经验，推陈出新。

在课题实践过程中，我们推荐梁婕老师上了一堂教学示范课，并在高一年级安排地理学科的研究性学习活动。梁婕老师为了上好示范课，在选题、课例教学方式上进行了认真的思考，深入理解新课程以及新的教学方法。课题组的教师也全员参与备课，研讨如何把课题思想融入课堂教学，并参与听课评课，形成了地理"三动式"高效课堂导学案。事实证明，梁婕老师的《大规模的海水运动》课例成功进行了新课程教学中合作学习、探究学习、自学学习的尝试，而且赢得了同仁的一致好评。在 2018 年清远市中小学教师教学基本功大赛中，梁婕老师同样用地理"三动式"高效课堂导学案讲授《区域农业发展》，在这节课中，梁婕老师大胆运用清远市本地例子做案例，设计课堂相关探究问题，得到了评委们的肯定，最终以"思维导图"、课堂展示和总分均第一的成绩进入 2019 年广东省决赛，并获得第 14 名的好成绩。

梁婕老师的《大规模的海水运动》课例成为课题组作为"三动式"高效课堂自主学习的样本，成为"三动式"高效课堂导学案的模板。此后，课题组教师在平时的实际教学中，尤其是公开课、展示课、同课异构课均采用这种样本和模板。以下为课例内容。

"三动式"高效课堂模式在地理学科的实施模板——梁婕老师的《大规模的海水运动》

课前任务驱动

课前先让学生了解洋流的相关概念、性质和分类，然后给出案例《小黄鸭的奇幻漂流》，案例里介绍了小黄鸭被发现的地点，最后给出课前任务——结合高中地理必修一教材 P57 图 3.5《世界洋流分布图》探讨小黄鸭是怎样漂流到世界各地的？

课中师生互动

第一步，假设在地球表面全是海洋的理想状况下，用箭头画出盛行风影响下的洋流分布。（提示：洋流此时除盛行风外，还受什么因素影响？）

第二步，在第一步的基础上加入陆地形状，在实际海陆分布图上用箭头画出洋流的分布。

（思考：在第一步假设条件下形成的洋流，哪支在实际海陆分布中完整保留下来了？）

第三步，观察《世界洋流分布图》，有没有特殊的海区？

第四步，小组合作探究：结合教材 P57 图 3.5，总结洋流分布特点。

第 1 组：观察南、北半球中低纬度海区大洋环流，看看南北半球两个海区洋流运动的方向有何差异？（注意东西两岸的洋流性质有何不同。）

第2组：北半球中高纬度海区，洋流运动的方向？（注意东西两岸的洋流性质有何不同。）

第3组：南半球中高纬度海区，洋流运动的方向？（注意东西两岸的洋流性质有何不同。）

第4组：北印度洋海区，冬、夏季的洋流流向有什么变化？为什么？

最后学以致用，首尾呼应，探讨课前案例中的小黄鸭是怎样漂流到世界各地的，并由学生根据《世界洋流分布图》来介绍小黄鸭的漂流线路。

课后培育自动

留下课后研究问题：有这样一个奇怪现象——地处北极圈内的摩尔曼斯克是个终年不冻港，而地处中纬度地区的符拉迪沃斯托克却长时间封冻。这是什么原因导致的呢？

一项事业之所以会成功，往往在于人们的坚持，正所谓"坚持到底就是胜利"。所以，对于"三动式"高效课堂教学模式，我们唯有坚持应用才能发现其真正的价值，"三动式"高效课堂教学模式要不断积累，不断升华。在教学过程中，本课题组形成了《基于学科核心素养下的地理"三动式"高效课堂导学案》（第一册），在今后的教学实践中，我们也将持续总结教学经验，积累教学成果，继续推出具有教学实践意义的高效课堂导学案。

导学案先后在多个学校进行了推广。

2019年5月14日，清远市范发平名师工作室成员到清远市源潭中学开展"送课下乡"研修活动。源潭中学是清远市第一中学的友情帮扶学校。为了促进源潭中学教师教研教学能力的提高，范发平名师工作室成员来到源潭中学后，由王松常老师在高一年级上了一堂生动精彩的《工业的区位选择》示范课。本节课前，王松常老师认真分析了源潭中学高一年级学生的学情，然后采用"课前任务驱动—课中师生互动—课后培育自动"的"三动式"高效、激情课堂模式进行备课，从而让学生形成自主学习、自主思维、自主探究的能力。

课堂设计立足于案例分析，坚持把培养学生的学习能力作为首要任务。在指导学生学习、培养学生能力方面主要采取以下方法：①自主学习法；②讨论探究法。利用图片和视频导入新课，目的是激发学生们的学习兴趣，引导学生快速地融入课堂。学生通过分组讨论，回答问题，从而让整堂课课堂氛围很好，也展现了学生较高的学习积极性。

王松常老师通过"任务驱动"让学生"在做中学"。学生在教师创设的情景中发现问题，在小组活动的过程中探究问题、解决问题。本节课案例教学主要采用生活中的具体实例，为学生提供身边的事例（源潭的陶瓷工业、横荷的天安智谷等）进行分析研究，增强学生的学习兴趣，引发学生思考质疑，体现《普通高中地理课程标准》"学习生活中有用的地理"这一教学理念。课程结束前的复习，王松常老师设计了一个工业区位选择的小游戏，学生参与度高，从而把整个课堂氛围推向了高潮，课堂学习效果明显。本节课激发了学生对地理事物进行分析、探究的兴趣，树立热爱家乡的观念，在学习中形成科学的环境观，初步树立区域认知观念、人地协调的观念。学生的学习能力和地理学科核心素养得到了很好的培养。

课后，两校地理教师结合高一年级地理教学的实际情况，对王松常老师这堂课进行了点评。之后大家就高一年级选课走班，针对在高二年级、高三年级的备考中如何进行地理教学等进行了深入的讨论和交流。

2020 年 6 月 11 日，清远市范发平名师工作室成员到清远市清新区第三中学开展"送课下乡"研修活动。工作室成员王松常老师上了一节"三动式"高效专题课——《从珠峰测量看青藏高原》，受到师生一致好评！

2020 年 11 月 11 日，清远市范发平名师工作室成员到清远市连南瑶族自治县民族高级中学开展"同课异构"研修活动。工作室成员梁婕老师和熊赞宾老师共同上了一节"三动式"高效专题课——《自然地理环境的垂直地域分异规律》，受到师生一致好评！

2021 年 1 月 7 日，清远市范发平名师工作室成员前往清远市连南瑶族自治县民族高级中学、连山壮族瑶族自治县高级中学开展"2020—2021 学年高中教育教学暨清远市第一中学市名师工作室（语文、政治、地理）、清远市第一中学市化学课题组成员与连南瑶族自治县民族高级中学、连山壮族瑶族自治县高级中学教学研讨"工作。工作室成员梁仁道老师在两校分别上了一节"三动式"高效专题课——《地质灾害》，受到师生一致好评！

2）让学生在课外主动、自觉地学习地理知识。

地理学科核心素养的地理实践力培养要求学生走出教室，走进实验室、研学基地以及其他户外学习场所等。在室内、野外和社会的真实环境下，通过考察、做实验、调查等方式获取地理信息，探索和尝试解决实际问题，从而有效培养学生地理学科核心素养。教师应寻找课外实践基地，通过寻求社会各界帮助来找到课外实践场所；也可以因地制宜，就地取材对学生进行地理实践力的培养。

举例 1：参加广东教育学会中学地理教学专业委员会主办

的广东省中学生地理研学旅行成果交流展示活动。此类活动有组织，有专家设计研学考察路线，有需要完成的考察任务，还有研学旅行成果交流展示等。此类活动是对行动力、实践力全方位的培养，参加此类活动要有科学的探索态度和思维。

举例 2：利用周边的资源进行参观考察，比如清远市第一中学旁边的气象公园。教师应制订相应的参观考察方案、考察任务；要求学生参观气象公园平面分布图，撰写相关考察报告等。这样进一步加深学生对气象知识的了解，感受气象科学技术的无穷魅力，提高学生养成规避自然灾害的能力，让学生亲身感受大自然的奥妙，激发学生探究科学的兴趣。

举例 3：学校制订的一年一度野外考察活动。教师应布置相应的考察任务，让学生既锻炼了身体，愉悦了身心，又得到了地理核心素养的培养；也让学生更加懂得了人与自然的协调。

为贯彻落实《教育部等 11 部门关于推进中小学生研学旅行的意见》与《普通高中地理课程标准》（2017 年版）有关精神，由广东教育学会中学地理教学专业委员会主办的第一届广东省中学生地理研学旅行成果交流展示活动于 2018 年 7 月 21 日在中山市举行。本次研学围绕培养学生地理实践力与家国情怀，通过野外考察、社会调查、汇报答辩以及才艺展示四项任务，让学生真正走出校园，亲近自然，了解社会，体验生活，将在课本上所学到的知识运用于现实问题的解决。活动突出了学生地理核心素养的培育，开阔了学生视野，丰富了学生地理知识，培养了学生的地理思维和能力，落实了立德树人的根本任务。

清远市第一中学对这次地理研学旅行非常重视。2018 年的暑假，范发平老师和梁婕老师担任教练，对参加本次地理研学旅行的学生进行专门培训。最终，清远市第一中学学子在本次地理研学旅行中取得了一个三等奖、一个二等奖、两个一等奖的好成绩。

王松常老师作为一名年轻教师，敢于大胆尝试，和年级其他学科教师一起，带领学生走出校园，连续多年参加了"澳大利亚PULSE@Parkes射电天文教育项目广州行之远程观测活动"，带领清远市第一中学师生和清远市的天文爱好者开展了天文观测活动。通过天文科普教育活动，学生们初步认识了神秘的太空世界，学到了一些新奇的天文知识，零距离地与科研专家亲切交流，感受了科学家孜孜追求真理的科学精神，了解了国际深空探究的现状，激发了学习科学知识的强烈欲望。王松常等老师通过这些活动，在培养学生的创新精神和实践能力方面进行了有益的尝试。

本课题组在学校的大力支持下，多途径开辟校外研学基地。为贯彻《教育部等11部门关于推进中小学生研学旅行的意见》精神，落实立德树人根本任务，帮助中学生了解家乡、了解自然、热爱祖国、热爱科学、增长知识、陶冶情操、拓宽视野，体验不同的自然和人文环境，加深与自然和人文环境的亲近感，着力提高中学生的社会责任感、环保意识、创新精神和实践能力，清远市第一中学充分依托靠近清远市气象局气象公园这一优越的地理位置，整合资源，将学科核心素养培养融入其中，构建学校、教师、学生、社会共同参与的开放式课程体系。清远市第一中学在清远市气象局大力支持下，打造好清远市第一中学校外研学实践教育基地——气象公园，从而持续广泛开展中学生研学实践教育活动。

基地建立后，先后有学校综合实践活动课、市地理教研活动在此开展；协同发展学校、学校特色班等多次参加气象科学研学实践教育活动。

学校高一年级在地理和生物科组的大力协助下，于2020年

11月27日—28日进行了《万古丹霞冠岭南》——清远一中地质、生物科考研学"活动,得到了学生及家长的肯定和赞许,认为这一活动对学生走进大自然、热爱大自然、保护大自然很有意义,也能对学生进行综合素养的培养。

综上所述,地理学科核心素养的培养,贯穿于地理教学的各个环节。让我们从培养地理核心素养的角度潜移默化落实立德树人根本任务。

为提升课题组成员的理论水平和课堂教学实践,推动学生地理学科核心素养的养成,课题组主要采取了以下措施。

①举办"地理思维导图"展示活动。

②根据学生反馈意见,重新思考每个"课中师生互动"环节中的"课中问题研究"所起的作用和处理策略。

③进行"校本课程的开发与实践""如何构建高效课堂"等一系列专题理论学习,提高理论水平,扩展教师的知识范围,不断更新知识,用最新的教学理论来指导课堂教学。

④积极开展对外交流,请进来和走出去相结合,多途径进行交流活动。在课题研究的实施过程中,课题组组织了教师到华南师范大学附属中学、韶关市第一中学、广州大学附属中学等兄弟学校交流学习,学习好的教学方法、经验,系统学习名校的课堂教学方法、经验。课题组也先后请佛山市第一中学李志伟老师、华南师范大学附属中学冯丹老师、广东北江中学李玉均老师来学校为课题组教师开讲座和授课。

⑤课题组成员积极走出去参赛或者是做讲座,在清远市的地理教育中起到了很好的示范作用。

⑥每学期都组织课题组成员写阶段性论文、实验论文、教学反思、案例分析,在提高教师科研水平的同时也收集整理阶段性成果。

3.结题阶段

（1）对研究的准备阶段和实施阶段进行总结，整理相关材料，撰写论文等。

（2）开展研究后的问卷调查，检验教学对象，全面了解研究成效。

（3）收集并整理资料，将卷宗归纳入盒。对教师教学方式和学生学习方式的研究状况进行分析总结，收集并整理论文、课堂教学实录、课题研究学习材料、学习心得、教学随笔、案例、反思、课件、教案、获奖证书等。邀请清远市地理学科教研员等专家来指导结题工作，并根据专家组意见进行整改。

（4）对各类数据、资料进行统计分析，进行实践总结，撰写结题报告和工作报告。邀请专家对本课题成果进行鉴定，接受专家的评估。

八、研究的成果

自开展课题研究三年来，在课题组教师的专业成长、学生的地理思维能力和地理学科核心素养及校本资料的开发上都取得了较好的实质性成效，积累了不少教学经验并形成了一定的文字材料，课题的研究成果主要有以下方面。

（一）理论性研究成果

本课题研究的重点是：自主学习地理知识的内容选择原则；在"三动式"高效课堂中"课中师生互动"环节如何开展"课中问题研究"课堂教学方式的选择；地理研学活动的内容选择等。因此，我们对"课中问题研究"板块的类型及教学方式，教学方式应遵循的原则等方面进行了比较深入系统的研究，形成了清远市第一中学"课中问题研究"板块的教学方式选择的基本模式，也使课题组成员理论水平有了较大的提高；确立了

"课中问题研究"板块的分类,形成了清远市第一中学各类"课中问题研究"板块的教学方式模板,并将导学案与课件汇编成集。

（二）实践性材料成果

1.成果名称

在课题组的共同努力下,汇编了以下研究成果:课题研究调查报告、课题组教师和典型学生个人成长档案、学生优秀练习集、《基于学科核心素养下高中地理"三动式"高效课堂学案》（新教材必修第一册）及《基于学科核心素养下高中地理教学成果集》《基于学科核心素养下地理研学活动成果集》《基于学科核心素养下高中地理课堂实录光碟》、学生制作地理实物模型、《线上教学资源成果集》、各种成果电子档案等。

2.成果内容

（1）课题研究调查报告。

通过后期调查数据显示,在实施"三动式"高效课堂模式后,学生对高中地理学习的兴趣有较大的提高,教学中自主学习能力增强,课堂互动性和问题探究意识有较大的提高,课外的地理研学实践能力有较大的提升,地理学科核心素养有了很大的增进,考试不断创造佳绩。课题组通过分析总结,最后形成调查报告。

（2）收集整理教师个人成长档案。

课题组将课题组教师三年来的规划、计划、总结、教学设计、公开课、教学反思、论文、获奖证书等收集整理成教师个人成长档案集。

（3）学生优秀学案练习集。

本课题主张在课堂上采用"课前任务驱动—课中师生互动—课后培育自动"的"三动式"高效、激情课堂模式,从而让学生养成自主阅读、自主思维、自主探究的能力。课题组将公开课、展示课等印发给学生的学案练习收集整理，汇编成学生优秀学案练习集。

（4）针对教师直接用网上资源进行教学的弊端，课题组成员将课本内容根据教学实际进行了重构，尤其是针对高一年级新教材，并以此整理了《基于学科核心素养下高中地理"三动式"高效课堂学案》（新教材必修第一册）。

（5）《基于学科核心素养下高中地理教学成果集》。

课题组收集课题组教师在教学的各方面所取得的成果，编纂成《基于学科核心素养下高中地理教学成果集》。

（6）本课题为了研究的需要，根据各位教师的教学特点和学生实际情况，按照"三动式"高效、激情课堂的模式，将公开课、展示课、参赛课等优秀课例进行课堂实录并刻录成光碟，形成了《基于学科核心素养下高中地理课堂实录光碟》。

（7）本课题为了研究的需要，在教学过程中根据地理教学现有的条件，让学生制作地理实物模型，从而培养学生的地理实践力这一地理核心素养；将模型摆放在地理模型教室展示，让学生体会成功的喜悦。

（8）《线上教学资源成果集》。

课题组成员在 2020 年新冠肺炎疫情期间，积极进行网上教学。将网上教学的录课、直播等收集并整理成《线上教学资源成果集》。

（9）收集整理《优秀教学设计集》。

课题组在教学设计上用心钻研，通过课题实验，实现了优化教学设计的目的，让教学设计更加科学和合理，并将其中优秀的教学设计整理为《优秀教学设计集》。

（10）撰写了各阶段课题报告。

课题组依计划进行实践研究，前期撰写了开题报告、中期汇报总结研究方案等，根据清远市教师发展中心教研员提供的修改意见，经过不懈努力，课题组总结出"三动式"高效、激情课堂学案的设计策略以及课外研学活动的操作办法。课题组将研究过程资料进行归类，撰写了《学科核心素养下高中地理教学中的自主学习策略研究》结题报告。

（11）汇编《优秀论文集》。

课题组成员收集并整理了在研究期间撰写的 22 篇论文并汇编成《优秀论文集》，其中有 10 篇在省级和国家级刊物上发表，9 篇在校级以上刊物上发表。

（12）刻录《成果资料电子档案》光盘。课题组依据课题结题资料检索目录，整理编辑刻录成光盘的电子档案。

（三）经验性成果

成果一："课前任务驱动—课中师生互动—课后培育自动"的"三动式"高效、激情课堂模式导学案设计的教学策略与措施。

（1）"三动式"高效课堂导学案紧扣 2017 年版《普通高中地理新课程标准》，符合高中学生学习实际。

（2）"三动式"高效课堂导学案形式多元化，内容时政化、生活化。

（3）"三动式"高效课堂导学案设计凸显层次性、开放性、探索性。①层次性：包括基础型、能力型、应用型的问题；②开放性：利于培养学生的综合思维和创新思维；③探索性：利于培养学生自主学习能力。

成果二：让学生在课外主动、自觉地学习地理知识，学到活生生的地理知识等。课外学习地理知识及课外研学活动资源的获取途径可以是多方面的，课题组归纳为以下三方面。

（1）参加每年一度的中学生地理研学旅行成果交流展示活动,此类活动有专家设计研学考察路线,有需要完成的考察任务,还有研学旅行成果交流展示等。此类活动是对行动力、实践力全方位的培养。参加该活动要有科学的探索态度和思维。

（2）利用周边的地理资源进行参观考察。

（3）参加学校制订的一年一度野外考察活动。通过教师布置的考察任务，让学生既锻炼了身体，愉悦了身心，又得到了地理核心素养的培养。

九、研究的成效

课题《学科核心素养下高中地理教学中的自主学习策略研究》自 2018 年 3 月积极准备，2018 年 9 月申报批准，2018 年 11 月正式立项以来，在课题组全体同仁的共同努力下，开展了学生和学情的调查分析。本课题的研究有利于教师巩固所学的理论知识、加深对理论的理解，可以丰富和充实高中地理课程教学改革内容，有利于学生学科核心素养的培养。通过研究可以提高地理自主教学的针对性，有效地转变学生的学习方式，促进学生主动、全面发展，调动学生学习的主动性、自觉性、积极性，对于全面实施素质教育具有一定的现实意义。

（一）促进了学生核心素养的提升

自开展课题研究三年来，学生的地理思维能力和地理学科核心素养得以提升。

（1）激发了学生的地理学习兴趣。如让学生在课外主动、自觉地学习地理知识。通过创新教学模式从而让学生学到活生生的地理知识。学生喜欢大自然，更喜欢在大自然中获取知识。

（2）提高了学生的地理思维能力。教学模式的改变使学生的地理实践力的素养得以提升，"课前任务驱动—课中师生互动—课后培育自动"的"三动式"高效、激情课堂模式导学案设计基于教材和社会生活，探究问题环节提高了学生的综合思维能力。

（3）培养了学生的地理核心素养。通过"学科核心素养下高中地理教学中的自主学习策略研究"，学生的学科核心素养得以培养；通过学生学科核心素养的培养，落实立德树人的教育目标，强化人类与环境协调发展的意识，提升地理综合思维能力、区域认知能力和地理实践能力。让学生具备家国情怀和世界眼光，学会关注地方、国家和全球的地理问题及可持续发展问题。

（4）学生在省级研学活动、"地球小博士竞赛"、天文竞赛中取得优异成绩，获得了许多奖励。比如，在广东教育学会中学地理教学专业委员会主办的第一届广东省中学生地理研学旅行成果交流展示活动中，清远市第一中学四位同学组成的代表队在野外研学实践和答辩两个环节通力协作，获总分第二名的优异成绩。

（5）学生的地理学习成绩有显著提升。课题组抽取了部分班级和学生在课题研究中期和后期的地理成绩做了对比分析统计，发现在后期学生的地理成绩有较大提高。

①综合性评价方面：这方面主要是以试卷考试的形式进行。清远市每学期期末都会组织各学科进行全市的统一考试。从考试的结果来看，清远市第一中学的地理成绩位于全市的第一名，且领先第二名较多。

②发展性评价方面：从对学生自主学习能力的培养方面来讲，学生形成了自主学习的良好学习习惯；从教师的指导方法上来看，让学生获取有利于自身能力成长的学习方法，自主学习、自我提高、自我发展，并有利于以后的发展。

（二）促进了教师的成长

本课题在实践研究中，在清远市教师发展中心教研员、兄弟学校名师专家的指引下，在清远市教师发展中心和原点教育机构的帮助下，在各学校领导的支持下，课题组教师既分工又合作，互相帮助、互相学习，增加了团队的合作意识，形成了良好的地理教研氛围，课题组教师的教科研能力得到明显提高，引领了教师的专业成长，锻炼和培养了教师优化教材和创编导学案的能力，加强了校际高中地理教师间的合作和交流。课题组主持人范发平老师多次在清远市教师培训会上做精彩的讲座。比如，2018年6月28日，在清远市高中地理新课标培训中做了《地理学科核心素养的内涵与表现》的专题讲座；2020年3月26日，在清远市高中地理线上教育培训中做了《谈高中地理线上教学的实施》的专题讲座。课题组成员也多次在校际交流上以公开课、展示课的形式展现各自的教学心得，深受好评！比如，2019年5月10日，胡志坚老师承担四所学校的交流同课异构课《以种植业为主的农业地域类型》获得称赞！2020年8月26日，王松常老师在"广东省普通高中骨干教师（教研员）地理新教材省级培训"中讲授的《常见的地貌类型》获教学设计评比一等奖、"最佳课堂教学奖"。2019年12月1日，梁婕老师在"第二届广东省中小学青年教师教学能力大赛决赛（高中教育组——高中地理学科）"中获三等奖。2020年3月26日，在"清远市高中地理线上教育培训"中，曾丽梅老师的展示课——《人口的合理容量》、莫耀红老师的展示课——《撒哈拉以南的非洲》受到全市地理教师同行的一致好评。2020年11月9日，熊赞宾老师的优课——《山地垂直地域分异规律》、梁仁道老师的优课——《地质灾害》得到兄弟学校地理教师同行的一致赞赏。

（三）促进了学校校本教材的完善

在实践研究中，课题组教师认真钻研新课程理念和新课程标准，认真研究学生的特点，将研究成果物化成校本教材。通过对校本教材的建设和学习，传递学校的课程改革理念，有利于校本教材的完善。

附件一

关于高中学生对地理自主学习情况的调查（学生版）

亲爱的同学们：

你们好！我们的课题研究工作即将结束，感谢你们的理解、支持和积极配合，确保了我们课题工作的顺利进行并取得了良好效果。现特拟定了一份你对《学科核心素养下高中地理教学中的自主学习策略研究》的问卷调查表，希望得到你的认真回答，以便于今后课题研究工作的深入开展。（调查对象为清远市第一中学高一年级学生）

1. 你喜欢地理学科吗？（　　　）

A. 非常喜欢　　B. 喜欢　　C. 一般　　D. 不喜欢

2. 通过高一年级的地理学习，你对哪个板块最感兴趣？（　　　）

A. 自然地理　　B. 人文地理　　C. 区域地理

3. 你认为地理导学案对地理学习有帮助吗？（　　　）

A. 有　　B. 没有

4. 你最喜欢哪种地理课外研学活动？（　　　）

A. 气象公园　　B. 消防演练实践基地　　C. 丹霞山考察活动

5. 你是否想知道很多地理事物的形成原因？（　　　）

A. 是　　B. 不是　　C. 一般

6. 你是否会经常留意一些身边生活中的地理事物和地理信息？（　　　）

A. 完全不会　　B. 很少会　　C. 有时会　　D. 经常会

7. 你是否会经常针对自己的地理学习情况设立相应的学习目标？（　　　）

A. 完全不会　　B. 很少会　　C. 有时会　　D. 经常会

8. 若学校举办一些关于地理方面的活动，你是否愿意参加？（　　　）

A. 非常愿意　　B. 愿意　　C. 无所谓　　D. 不愿意

9. 你喜欢在课堂上以"课中问题研究"的方式进行师生互动吗？（　　　）

A. 非常喜欢　　B. 喜欢　　C. 一般　　D. 不喜欢

10. 你在课前有预习、复习地理知识吗？（　　　）

A. 每次都有　　B. 有时会有　　C. 老师布置才会有

遇见地理！遇见更好的自己！

附件二

清远市第一中学研学实践教育基地
——自然科学教育园区（气象公园）项目申报报告

　　为贯彻《教育部等 11 部门关于推进中小学生研学旅行的意见》精神，落实立德树人根本任务，帮助中学生了解家乡、了解自然、热爱祖国、热爱科学、增长知识、陶冶情操、拓宽视野，体验不同的自然和人文环境，加深与自然和人文环境的亲近感，着力提高中学生的社会责任感、环保意识、创新精神和实践能力，清远市第一中学充分依托靠近清远市气象局气象公园这一优越的地理位置，整合资源，将学科核心素养培养融入其中，构建学校、教师、学生、社会共同参与的开放式课程体系。清远市第一中学在清远市气象局大力支持下，打造好清远市第一中学校外研学实践教育基地——气象公园，从而持续广泛开展中学生研学实践教育活动。

　　一、清远市气象局气象公园设立清远市第一中学自然科学研学实践教育基地的条件

　　（一）位置优越，环境优美

　　清远市气象局气象公园位于清远市第一中学的西南方向，距离约为 1.1 千米，步行约需 15 分钟。途中只有一个红绿灯，较为安全，这是清远市第一中学得天独厚的优越条件。气象公园地势较高，视野开阔，可以俯瞰美丽的清远市区容貌，可以让学生更好地了解家乡、认识家乡、热爱家乡！气象公园环境优美，可以培养学生爱护环境和保护环境的意识。

（二）内容众多，资源丰富

随着全球气候变暖和极端气象灾害多发、频发、重发趋势日益严重，社会的进步和经济的发展又使气象与工农业生产及人们的生活关系更加密切，气象科普宣传工作在提升社会公众应对气候变化和防灾减灾意识及能力方面的作用越来越突出，清远市第一中学学生通过这一基地的气象科普，从而科学普及气象防灾减灾和应对气候变化知识，并使部分学生将来投身于国家的气象科学事业。

清远市气象局气象公园研学内容众多、资源丰富。气象局开展过许多与气象有关的活动：如主题为"太阳、地球和天气"等的科普活动；"与你相约这里，一起'谈天说地'"等沙龙；"气象科普讲堂"；气象老师讲气象发现的历史，以及观测设备、记录仪的使用等。

在气象大厅里，让学生体验天气预报制作过程，加深对雷达图识天气等知识的理解，聆听气象讲解员讲解观测仪器图片等。

山顶气象公园内设有百叶箱、雨量器、蓝天观测仪等各种气象仪器，学生能更近距离接触了解气象观测以及气象数据的收集。气象公园有一个环境气象观测站：主要开展大气环境和气象要素及其相互作用的观测，其观测范围一般以台站为中心，以几千米为半径的圆形区域。此外还有超声波风速仪、闪电定位仪、amr 降雨自动监测仪……从而让学生体会祖国科技的发展水平。气象公园有科普馆，科普馆墙上的树状图展示了跟天气有关的知识点，包括雾霾、冰雹、台风、PM2.5 等。科普馆里开展气象知识问答、模拟气象主播的活动等。

二、制定研学目标，让研学实践做到有的放矢

（1）结合高一年级地理课程《常见的天气系统》相关知识，

深度提升学生地理学科核心素养，培养综合分析能力、地理实践力，建立综合思维模式。协作完成自然科学类的问题，学习科学观察和表述方式，通过自我分析解决新问题的方法。

（2）结合高二年级物理课程，以电学知识和气体内容为主，提升学生物理学科核心素养。从形成物理观念开始，注重科学思维的培养，强化物理知识与实践情境的关联；进行科学探究，培养求真精神和团队作风；用自己所学的知识分析、解释和解决社会实践中的实际问题，让学生体验在分析解决实践问题中成功的愉悦，增强勇于承担社会责任的信心，为学生树立社会责任感创造最基本的条件。

（3）查找资料，对考察地点有初步了解。确定考察和访问的内容，设计考察程序和路线，确定考察方法。根据考察目的确定考察和访问的内容，内容要有针对性，形式要多样，比如可以设置了解型的、实证型的、探究型的内容等。考察方法可以考虑访问、访谈、验证、探究等。进行实地考察与访问：在野外考察中，要求对地理事物的了解做好详细记录，与收集的资料进行比对；同时可以通过录像、摄影、录音等手段获得相应的实证资料，需要在地图上标注的，在准备好的地图上做好标注。自备笔和笔记本，做好相应的记录。

（4）撰写考察报告。回校后,学生们互相交流，探讨参观收获。学生对气象公园路线图、气象公园平面分布图、各主要仪器简图及其作用标注等资料进行整理，然后撰写考察报告。考察报告内容一般包括：拟定题目、考察目的、考察方法、考察内容、原始资料与野外考察结果对比、得出的主要结论、进一步探讨的问题等。考察报告要求图文并茂，有逻辑性。具体要求：考察报告中有气象公园路线图、气象公园平面分布图、各主要仪器简图及其作用标注（用 A4 纸手写或打印）。考察报告以小组为单位进行撰写,由组长负责具体分工协作。

(5)地理、物理校外研学考察成果交流与展览。选择优秀的考察成果进行交流与展览。

三、课程开设及要求

本课程在清远市第一中学高一年级开设,以班级为单位上课,考虑到气象大厅的容量有限,每次2个班级同时上课;时间为每周二下午3:00—5:00;4~6人为小组开展活动。学生在活动中需注意安全,爱护环境,遵守纪律,听从指挥。

四、学分认定标准

只要参加本课程并按要求修满规定课时的同学就可获得选修课2学分。

综上所述,清远市第一中学具备研学实践教育基地——气象公园项目申报条件,并能够正常开展相关的研学教育实践活动。

特此申报。

清远市第一中学
2020年5月26日

教研篇

区域地理复习方法谈

——以北方地区和南方地区为例

范发平

地理学是研究地理环境以及人类活动与地理环境关系的学科，具有综合性和区域性等研究特点。地理核心素养是地理学科育人价值的概括性、专业化表述，是知识与技能、过程与方法、情感态度与价值观三维目标的整合与提炼，是学生在学习地理之中或之后所形成的、在解决真实情境中的问题时所表现出来的必备品格和关键能力。地理核心素养由人地协调观、综合思维、区域认知和地理实践力组成。

区域认知是指人们对区域的特征、问题进行分析、解释、预测的意识和能力。人类生存的地理环境存在着明显的区域差异，这是地理环境最基本的特征。不同的区域，自然、人文要素不同，人地关系的形式和问题也不相同。区域认知素养有助于学生从差异性的角度分析和认识地理环境，以及它与人类活动的关系。形成从区域视角认识地理事物和现象的意识，对地理事象的空间格局有敏锐的观察力，并运用区域综合分析、区域比较、区域关联等方法认识区域，形成简要评价区域发展的能力。

区域地理是自然地理和人文地理的出发点和归宿，任何自然地理和人文地理的规律原理都离不开区域地理中具体的地理事象，都可以在诠释区域事象中得到完整的体现，并能反映出学生基本的地理思维能力。高中地理教材必修一学习的是自然地理范畴，从地理原理和地理规律来掌握地理知识；必修二是从人文地理角度来学习地理知识（如人口、城市、农业、工业、交通、可持续发展等方面）；必修三是把必修一和必修二结合起来研究某个案例，其中的案例即是某个区域地理。研究近些年来高考地理题都会发现，区域地理是高考地理的主旋律之一；如每年高考文综地理部分主观题的 36 题和 37 题以及选做题，都是以区域地理为背景材料命题，以此来考查学生对区域地理的认知。

高考是通过概括区域特征、比较区域差异、解决区域问题和分析区域发展条件来考查地理学科特点之一——区域性的，这部分的特点是大范围、小切口。地球上的任何一个区域都有可能覆盖和涉及。因此复习时要从大范围、整体来学习，训练时则要求在大范围背景下作局部分析，对学生的区域分析能力提出了更高的要求。区域地理知识点繁杂，怎样才能在有限的时间里把区域地理学习到位，并且具备区域分析的能力，就显得尤为重要。以下是笔者以区域地理中北方地区和南方地区为例，浅谈区域地理的学习方法，以飨读者。

一、据考纲，整理条块知识

首先，学习区域地理要把握好两大方面条块知识：一是自然地理知识，二是人文地理知识。自然地理主要从以下方面进行复习：地理位置（经纬度位置、海陆位置、相互位置等）、范围（主要的地理界线，如控制性经纬线、重要山脉、河流等）、地形、气候、土壤、水文（河流、湖泊）、生物（植被、动物）、自然资源等。人文地理主要从以下方面进行复习：人口、民族、宗教、历史文化、城市、农业生产（农业生产区位条件、耕作制度、地域类型、主要农作物等）、工业生产（区位条件、工业类型、工业基地、工业部门）、交通、商业贸易、旅游、环境保护、可持续发展等。

以北方地区和南方地区为例，具体要求掌握的条块知识：

（1）北方地区的地理位置、范围、地形、气候、矿产资源等自然地理特征。

（2）北方地区的交通、城市与主要工业区。

（3）东北地区、华北地区的农业生产与灾害防治。

（4）南方地区的地理位置、范围、地形、气候、矿产资源等自然地理特征。

（5）南方地区主要工业区与城市。

（6）南方低山丘陵地区的环境问题与综合开发途径。

应该达到的能力目标：

（1）识记北方地区和南方地区的地形、气候、水文等自然地理环境特征以及城市、交通、工业、农业等人文地理环境特征。

（2）能够结合各类图表，总结归纳北方地区和南方地区地理环境的主要差异及影响因素。

（3）理解掌握北方地区和南方地区的社会经济发展特点以及各自存在的问题和解决措施。

（4）掌握北方地区和南方地区主要经济区的地理环境特点及发展特点。

二、抓核心，突破重点知识

每个区域都有其核心知识，这也是要求重点突破的知识，也是高考地理试题中的高频考点。核心知识具有知识指导性，可以应用在某个小区域中。

以《北方地区和南方地区》为例，核心突破知识主要为：

（1）华北平原的生态环境问题成因。

（2）南方低山丘陵地区水土流失的原因、危害及治理等。

对于核心知识要有突破方法：如南方低山丘陵地区水土流失的原因、危害及治理。

1. 原因

（1）自然因素：低山丘陵地形，起伏较大；亚热带季风气候，降水集中于夏季且多暴雨。（2）人为因素：人地关系紧张，由于能源短缺，乱砍滥伐，强取耕地和薪柴，对地表植被造成破坏。

2. 危害

（1）低山丘陵地区，水土流失使山坡土层变薄，土壤肥力降低，严重的会造成岩石裸露地表，土地难以利用；山麓地带水冲沙压，旱涝严重。（2）平原地区，水土流失会造成河湖淤塞，河流水流不畅，湖泊调洪能力降低，使洪涝、干旱灾害加剧。

3. 治理措施

（1）发展立体农业。（2）封山育林，提高植被覆盖率。（3）切实解决农村生活用能问题，如大力推广生活用煤，进行技术革新，提高能源的利用率，大办沼气和营造速生薪炭林等。

三、举典例，注重技法点拨

掌握基本知识，突破重点知识以后，要适当地、有针对性地进行训练。训练中，举例应典型；解题时，更要注重技法的点拨。

在区域地理复习中，认真把握上述三个步骤，笔者认为定能收到事半功倍的成效。

基于学科核心素养下的"湿地"专题复习

范发平

　　湿地是全国乃至全世界的宝贵财产，是人类和动物生存必不可少的环境。湿地是人类最重要的环境资本之一，也是自然界富有生物多样性和较高生产力的生态系统。它不但具有丰富的资源，还有巨大的环境调节功能和生态效益。各类湿地在提供水资源、调节气候、涵养水源、均化洪水、促淤造陆、降解污染物、保护生物多样性和为人类提供生产、生活资源方面发挥了重要作用。国家林业和草原局会同国家发展改革委、财政部等相关部门在 2017 年发布了《全国湿地保护"十三五"实施规划》（以下称《规划》），这是我国湿地从"抢救性保护"进入"全面保护"新阶段的第一个全国性专门规划。《规划》提出，到 2020 年，全国湿地面积不低于 8 亿亩＊，湿地保护率超过 50%，恢复退化湿地 14 万公顷，新增湿地面积 20 万公顷（含退耕还湿）；建立比较完善的湿地保护体系、科普宣教体系和监测评估体系，明显提高湿地保护管理能力，增强湿地生态系统的自然性、完整性和稳定性。鉴于此，以湿地为素材的考题频频出现在高考地理试题中。

　　　＊　1 亩 ≈ 667 平方米。

尤其是近几年的高考文综地理部分，多以选做题和主观题的形式呈现出来。因此，对于湿地进行专题复习更显得尤其重要。笔者认为，宜从以下几方面做好湿地专题的复习。

一、把握湿地专题的试题特点：考试内容、考试要求和地理学科核心素养（表1）

表1　高考地理湿地专题考核特点

考试内容	考试要求	体现学科核心素养立意
（1）湿地的概念和类型 （2）湿地的重要价值 （3）湿地在开发利用中存在的主要问题及保护措施	（1）分析湿地的形成原因 （2）指出湿地的生态效益 （3）说明湿地的治理措施 （4）分析湿地资源的开发与保护	（1）区域认知 （2）人地协调观 （3）综合思维 （4）地理实践力

二、注重湿地专题的知识整合：知识回顾、教材理清和知识体系建构

1. 湿地的作用

（1）湿地的产出功能：湿地能生产人类所需要的副食品、粮食、药材、木材，以及为珍稀动植物提供生长环境（"资源的宝库"）。

（2）湿地的调节功能：湿地能调节气候，调蓄洪水（"天然空调机""天然水库"）。

（3）湿地的生态功能：湿地能维持生物的多样性，保持周围生态的稳定与平衡（"生命的摇篮"）。

（4）湿地的降解功能：湿地中的许多挺水、浮水和沉水植物，能够通过其组织吸收有害物质、富集有害物质、分解有害物质、降解环境污染（"地球之肾"）。

（5）湿地的其他功能：美化环境，旅游胜地，航运功能，各种动物的栖息地。

2．湿地的保护措施

加强对国际重要湿地和湿地自然保护区的建设与管理；补充湿地生态用水，控制水污染；促进湿地生态系统的恢复与重建；正确处理湿地开发与保护的关系；加强立法、执法和宣传教育工作，强化湿地保护意识。

3．不同湿地开发保护的主要目的

湿地具有提供水源、调节气候、涵养水源、调蓄洪水、美化环境、净化水体、保护生物多样性等多种重要作用，但各地湿地保护的主要目的侧重不同。例如：大河中下游湖泊，主要目的是调蓄洪水，减轻洪水威胁；内陆干旱区湖泊，主要目的是调节气候，防止土地荒漠化等生态环境问题；大河上游（如我国三江源湿地），主要目的是保护当地脆弱的生态环境和水源；东北三江平原湿地，主要目的是调节河湖水量，调节气候，保护生物多样性；黄河三角洲湿地，主要目的是净化水质，降解内陆河流污染物，提高环境质量，蓄滞洪水，保护生物多样性和生态环境。

三、提炼湿地专题复习的方法技巧：分析方法、分析思路和综合思维培养

1．沼泽地形成原因分析方法

沼泽地的形成原因一般着重分析所在地的降水量、蒸发量、下渗量、排泄能力、水网密度等要素。

例如，三江平原地区沼泽地形成的主要原因：气候湿润，降水较丰富；地势低平，排水不畅；气温低，蒸发弱；冻土发育，地表水不易下渗。青藏高原湿地成因：海拔高，气温低，蒸发量小；冰川积雪融水较多；低洼地易积水；冻土层厚，积水不易下渗。长江中下游平原湿地成因：降水丰富；河湖较多，

地表水丰富；地势低平，洪水易泛滥，排水不畅。

2. 湖泊面积变化原因的分析思路

首先，分析变化时间长短。如果是长期的变化（如一万年以来），则主要考虑自然原因，湖泊萎缩主要是气候变干、蒸发加强造成的；如果是近十几年、几十年来的变化，则主要是由人为原因造成的；如果是季节变化，一般与季节性降水、冰雪融水有关。其次，分析湖泊所在地区。短期内外流湖萎缩一般是围湖造田造成的，湖泊面积增加一般是上游水土保持较好、湖泊淤沙减少、退耕还湖的结果。干旱区内流湖萎缩，短期原因一般是人类对入湖河流的水资源利用过度。靠冰雪融水补给的湖泊面积的增减，一般考虑气温的变化、冰雪融水量的多少等因素。

3. 不同类型湖泊萎缩原因及危害

由于所处区域特征不同，外流湖与内流湖面积萎缩的原因及危害也各不相同，需要具体问题具体分析。

四、精选湿地专题的经典题例：剖析题型、归纳总结和解题能力锻炼

【典例】（2018·全国卷Ⅱ）素有"华北之肾"之称的白洋淀具有重要的生态服务价值。白洋淀分布广泛的芦苇，曾是当地居民收入的重要支撑，但前些年由于其经济价值减弱，居民管护芦苇的积极性下降，大量芦苇弃收，出现了芦苇倒伏水中的现象。雄安新区设立后，管委会全面贯彻习近平总书记关于"建设雄安新区，一定要把白洋淀修复好、保护好"的指示精神，高度重视白洋淀的生态环境保护，积极推行芦苇的资源化综合利用，大大提高了当地居民管护、收割芦苇的积极性。

（1）指出芦苇对白洋淀生态功能的作用。（6分）

（2）说明当地居民积极管护、收割芦苇对白洋淀生态环境保护的意义。（4分）

【解析】素养考查　区域认知、人地协调观　白洋淀芦苇生态环境意义

第（1）题，芦苇对白洋淀生态功能的作用，主要是分析芦苇对白洋淀水源和生物多样性的作用，如吸收营养物质，减缓水体富营养化进程；吸收污染物，净化水体；为鸟类提供栖息地，维护生物多样性等。第（2）题，管护、收割芦苇对白洋淀生态环境保护的意义，主要结合第（1）题芦苇对白洋淀生态功能的作用从管护和收割两个角度作答。

【答案】（1）吸收水体和淤泥中的营养物质，减缓水体富营养化进程；吸收污染物（重金属等），起到净化水体、稳定水体自净能力的作用，提高水环境质量；为鸟类等多种动物提供栖息地，维护生物多样性。

（2）管护好芦苇，可维持芦苇对白洋淀水体的净化功能，利于改良水质，提高白洋淀生态环境质量；收割芦苇，能减少芦苇倒伏、腐烂数量。

综上所述，只要我们把握好《湿地》专题备考策略，认真备考，有的放矢，那么，涉及《湿地》专题的问题就能迎刃而解！

知地明理展和谐　立德树人谱新篇

——谈高中自然地理教学如何落实立德树人教育

范发平

党的十九大报告明确提出："要全面贯彻党的教育方针，落实立德树人根本任务，发展素质教育，推进教育公平，培养德智体美全面发展的社会主义建设者和接班人"。学科核心素养是学科育人价值的集中体现，是学生通过学科学习而逐步形成的正确价值观念、必备品格和关键能力。地理学科核心素养主要包括人地协调观、综合思维、区域认知和地理实践力，它们是相互联系的有机整体。

高中地理课程的总目标是通过地理学科核心素养的培养，从地理教育的角度落实立德树人根本任务。地理学科核心素养的培养不能无视高中生的特点，过于注重说教。高一年级自然地理包括：地球运动意义、地表形态、大气、水文、自然环境的整体性和差异性、自然环境对人类的影响等，这些内容相对来讲理论性强，过于抽象，比较枯燥。怎么将地理教学与立德树人教育相统一地进行地理教学，让学生"知地明理"，认识地理世界的和谐，又对学生进行了立德树人教育？我们应该在创设课堂教学情境，搜集课堂教学素材，培养课外探究能力，感受地理学科魅力等方面下功夫，以下是笔者的一些探讨，供读者参考。

一、重视地理课堂设计，渗透立德树人教育

地理课堂的很多环节都具有立德树人的教育作用。课堂导课，是课堂教学中的一个重要环节。有针对性的导课能对立德树人起到润物细无声的功效。在导课中可以选用视频和图片进行辅助教学。

例1：《宇宙中的地球》可用以下视频导课。2019年1月3日晚间，"嫦娥四号"着陆器与巡视器成功分离，"玉兔二号"巡视器（即月球车）顺利驶抵月背表面。着陆器上监视相机拍摄了"玉兔二号"在月背留下第一道痕迹的影像图，并由"鹊桥"中继星传回地面。这段视频既可激发学生的爱国情怀，又能掀起学生对爱好天文的兴趣。

例2：《全球气候变化》可用《流浪地球》视频，让学生感受全球气候变化可能带来的影响，从而更加爱护地球，寻找减少破坏地球发展的途径，等等。

课堂授课环节中，有关地理学科核心素养的培养素材更加丰富多样。

例3：第四章在《地表形态的塑造》学习山地地貌和河流地貌时，可以展示祖国名山大川的图片，从而让学生感受"江山如此多娇"的自豪感。

二、利用地理检测试题，强化立德树人教育

地理教学的一个重要环节是检测。课后练习、阶段检测、模拟试题都可以使用关于核心素养培养的素材。如单元练习中使用时政素材和研学素材等。

例1：第七届世界军人运动会于2019年10月18—27日在

武汉举行，赛期10天。大会拟竞赛大项27个，竞赛项目为历届最多。武汉军运会将是世界军人运动会历史上规模最大、参赛人员最多、影响力最广的一次运动会。据悉，第七届世界军人运动会吉祥物名为"兵兵"，以中华鲟为原型。运动会期间，地球公转速度的变化特点是

A. 逐渐变慢   B. 逐渐变快

C. 先变慢后变快   D. 先变快后变慢

例2：清远市第一中学一地理兴趣小组秋分日这天在市区北江河边进行地理研究性课题活动。他们在沙滩上忙得不亦乐乎，有的在欣赏两岸风景，有的在望着蔚蓝的天空深思，有的在测量太阳高度，有的在取水化验，有的在捡砾石……

（1）一般而言，面对河流下游，左手方视为左岸，右手方视为右岸。北江河自东向西流经清远市区，据此判断该河流的右岸是_____（南岸或北岸），他们活动的沙滩是_____（南岸或北岸），判断理由是_____ _____。

（2）"望着蔚蓝的天空深思"的同学在想天空为什么是"蔚蓝色"的呢？请用所学的地理知识解析。_____

（3）"测量太阳高度"的同学，测得这一天太阳最大高度角为66°，此时的北京时间为11:32。根据此数据算出清远市的地理坐标是_____。

（4）"欣赏两岸风景"的同学在思考两岸的楼距是否过密？楼顶的太阳能热水器调整的角度最大是多少？

①要使40米高的楼层底层在一年内正午都能有阳光的照射，它们的楼距应该接近____米；

②楼顶的太阳能热水器调整的角度最大是多少？_____

以上这些测试题无不渗透了有关地理学科核心素养培养的立德树人教育。

三、参加地理课外实践，挖掘立德树人教育

地理学科核心素养的地理实践力培养要求学生走出教室，走进实验室、研学基地及其他户外场所等。在室内、野外和社会的真实环境下，通过考察、实验、调查等方式获取地理信息，探索和尝试解决实际问题，从而有效培养学生地理学科核心素养。教师应想办法寻找课外实践基地，寻求社会各界帮助。也可以因地制宜，选择学习和生活中的地理问题对学生进行地理实践力的培养。

例1：参加广东教育学会中学地理教学专业委员会主办的广东省中学生地理研学旅行成果交流展示活动。此类活动有组织，有专家设计研学考察路线，有需要完成的考察任务，还有研学旅行成果交流展示等。参加该活动要有科学的探索态度和思维，是对学生行动力、实践力全方位的培养。

例2：利用周边的资源进行参观考察，比如学校旁边的气象公园。教师应制订相应的参观考察方案、考察任务。学生参观后手绘气象公园平面分布图、撰写相关考察报告等。这样进一步加深学生对气象知识的了解，感受气象科学技术的无穷魅力，提高学生养成规避自然灾害的能力，让学生亲身感受大自然的奥妙，从而激发学生探究科学的兴趣。

例3：参加学校规定的一年一度的野外考察。教师通过布置相应的考察任务，让学生既锻炼了身体，愉悦了身心，又得到了地理核心素养的培养，也让学生更加懂得了人与自然的协调，等等。

综上所述，地理学科核心素养的培养贯穿于地理教学的各个环节。让我们从地理教育的角度潜移默化落实立德树人根本任务。

谈高中地理必修第一册教学中
如何落实学科核心素养

范发平

地理核心素养是地理学科育人价值的概括性、专业化表述，是知识与技能、过程与方法、情感态度与价值观三维目标的整合与提炼，是学生在学习地理课程之中或之后所形成的、在解决真实情境中的问题时所表现出来的必备品格和关键能力。地理核心素养由人地协调观、综合思维、区域认知和地理实践力组成。人地协调观指人们对人类与地理环境之间关系秉持的正确价值观。综合思维指人们全面、系统、动态地认识地理事物和现象的思维品质和能力。区域认知指人们对区域的特征、问题进行分析、解释、预测的意识和能力。地理实践力指人们在考察、调查和模拟实验等地理实践活动中所具备的行动能力和品质。

新版高中地理必修第一册教学如何落实学科核心素养，笔者认为可以从下列几方面进行教学设计和课堂教学。

一、紧扣课标要求，解读素养目标

在每一节课的备课中，要紧扣课标要求，解读学科核心素养目标。以高中地理必修第一册第二章第二节第 2 课时"大气运动"为例。

课标要求为：运用示意图，说明大气热力环流原理，并解释相关现象。课标中的素养目标为：【区域认知】结合不同区域图，分析热力环流和大气水平运动的形成；【综合思维】结合图文材料，分析热力环流的形成，并解释热力环流原理在生产和生活中的应用；【地理实践力】结合生活实践，理解热力环流在生产生活中的应用，实地观测海陆风（湖陆风）等热力环流现象；【人地协调观】结合热力环流原理，分析城市热力环流特点，合理规划城市工业区和绿化带等。

二、利用趣味导课，融入素养目标

"好的开端是成功的一半"。新课导课，是课堂教学不可或缺的环节。地理教学实践中，利用新教材的优势，采取形式多样的教学手段，融入素养目标，保证课堂教学的开展，从而取得良好的教学效果。

例如，高中地理必修第一册第三章第二节"海水的性质"。珊瑚虫是生长在热带、亚热带海洋中的腔肠动物，珊瑚是珊瑚虫分泌的石灰质骨骼聚结而成的东西。珊瑚体态玲珑，颜色鲜艳美丽，分布在赤道及其附近的热带、亚热带海区，且全年水温保持在 22~28℃，盐度为 27‰ ~42‰，水质清洁又有坚硬底质的海域。在河流入海口地区，由于大陆径流奔泻入海，携带大量陆源性沉积物质，因而不适于浅水珊瑚的生长。

提问：珊瑚的生长除了对水质有严格的要求之外，还对海水的哪些性质有严格的要求？这个探究思考环节，融入了两个核心素养目标：区域认知、综合思维。

三、根据课堂内容，设计素养目标

授课时，可以根据课堂内容设计探究思考环节，从而设计素养目标，让学生的学科核心素养在课堂上更好地得以锻炼。

例如，根据材料：雅鲁藏布大峡谷的丹娘沙丘，位于高原半湿润季风区。它背倚葱茏青山，面临蓝绿色的雅鲁藏布江，连绵的沙丘构成了波涛起伏的沙海。

探究思考：（1）小组交流推断丹娘沙丘的形成过程。

【答案】雅鲁藏布大峡谷冬春季节气候干旱，多大风天气，大风经过地区植被稀少，受阻较少，形成涡旋上升气流；雅鲁藏布江水势减缓，大片的河床裸露，气流携带沙洲和河滩上的沙粒，受地形阻挡，风速减缓，沙粒堆积于山坡，日积月累形成沙丘。

（2）推测丹娘沙丘增长速度最慢的季节。

【答案】沙丘是风力堆积作用形成的，夏季植被覆盖条件最好，风力最小，丹娘沙丘增长速度最慢。

这个探究思考环节，包含了两个核心素养目标：区域认知、综合思维。

教师也可以在课堂上补充有利于培养学生核心素养的素材。例如：水上雅丹是一种奇特的地貌。它不仅包含了陆地雅丹的所有特质，更有与陆地雅丹不同的风韵。我国青海省海西蒙古族藏族自治州东台吉乃尔湖就有一个这样的水上雅丹地貌。由于此处地理位置较低，史前残留的海水、雪山融化的地下水，在雅丹地貌周围形成一些湖泊。由于大气热效应的作用，旁边两个湖的水域面积逐渐扩大，并逐步淹没了旁边的雅丹群，于是就形成蔚为壮观的水上雅丹。

四、优化课后练习，提升素养目标

课后练习巩固环节，也是学生学科核心素养提升的关键环节。要优化课后练习，设计体现核心素养的试题。

例如："阳伞效应"是指生产生活、战争、森林草原火灾、火山爆发等向大气排入大量的烟尘，这些弥漫于大气中的烟尘犹如地球的一把"遮阳伞"。据此，完成第1~2题。

1. "阳伞效应"形成的根本原因是（　　）

A．大气的散射作用增强　　B．大气的保温作用增强

C．大气的反射作用增强　　D．大气的吸收作用增强

2. "阳伞效应"可能会造成（　　）

①减少太阳紫外线伤害　　②降低地面温度

③降低夜间气温　　④减小昼夜温差

A．①②③　　　　　　　　B．②③④

C．①③④　　　　　　　　D．①②④

【答案】1.C　2.D

【解析】第1题，据"阳伞效应"的概念可知，受大气中大量烟尘的影响，到达地面的太阳辐射减少，这主要与大气对太阳辐射的反射作用有关。第2题，"阳伞效应"可以减少到达地面的太阳辐射，从而减少太阳紫外线伤害，降低地面温度，①②正确；空气中存在大量灰尘，会加强大气逆辐射，从而提高夜间气温，③错误；白天气温降低，夜间气温升高，从而减小昼夜温差，④正确。

这一题的设计体现了对学生综合思维、人地协调观核心素养目标的培养。

综上所述，地理教学落实学科核心素养，可以在课前、课中、课后各环节中进行。

新课标下高中地理教学中的自主学习培养途径

范发平

高中地理是一门理论性和实践性都很强的综合学科。如何在高中地理课堂教学中培养学生的自主学习能力呢？笔者从自己的教学实践中总结了一些基本途径：培养学生学习地理的兴趣；引导学生分析课本内容；对学生进行学法指导；辅导学生进行知识体系的构建等。

一、培养学习兴趣，激发学习的主动性

兴趣是最好的老师。"学习兴趣是学生对于学习活动的一种选择性态度，是学习活动的自觉动力，是鼓舞和推动学生探求新知识的巨大力量。"所以要提高学生自主学习的能力，教师首先要激发学生的学习兴趣，让学习成为一个能动的过程。培养学生学习兴趣有许多途径，以下列举三种常见的激发学生学习兴趣的途径。

1. 导课激趣

"导言是一堂课或一个内容的开始，它直接关系到学生对新课、新内容学习的兴趣。"有人说导言应有思想的深度、感

情的浓度、功能的宽度、表达的精度、色彩的亮度，要完成这种要求，就必须用浓厚的兴趣来支撑。好的导课无疑是给学生打了一针兴奋剂，直接影响到一堂课的教学效果。

比如，笔者在讲授"热力环流"时直接用自己在拉萨拍摄的照片，学生看了就会对青藏高原产生一种亲近感，更想知道青藏高原的气压低到什么程度；讲授"洋流"时用了影片《泰坦尼克号》的片段及自己的讲解引课，马上激发了学生学习的兴趣。导言可采用的素材很多，与地理教材有关的地理趣闻、地理之最、地理之谜、地球现象、诗歌、歌曲、漫画、新闻报刊，等等。

2. 情境激趣

"创设问题情境，就是根据学生已经学过或掌握的知识，从知识自身发展的角度考虑，在发展中还有什么问题需要研究解决；或者在实际生活中有什么问题是我们现有知识所不能解决的。以这样的问题为核心创设情景，引起学生的注意。"课堂上的有些问题，对于学生有一定难度，使学生既感到熟悉而又不能单纯利用已有的知识和习惯方法解决，这时就激起了学生思维的积极性和求知欲望。教师可以以此对他们进行启发、诱导，进而促使他们自主学习，进行探究性思考。

3. 活动激趣

参与地理课程相关活动能让地理知识走近学生，也让学生切身感受到地理学科的实际效用，而且学生参与活动的成功感会进一步增加其对地理学习的兴趣。例如，在讲完"产业转移"后，笔者安排了学生讨论佛山市和清远市的产业转移的影响；学习完"地球的运动"一节后，让学生描述当天太阳直射点的大致位置、运动方向、昼夜长短情况以及变化趋势。通过这些教学活动不仅活跃了课堂气氛，还及时巩固了学习内容。

在高中地理教学过程中，还有很多激发学生学习兴趣的途径和方法，这里就不一一赘述了。总之，兴趣是人们经常趋向于认识、掌握某种事物，力求参与某项活动，并具有积极情绪色彩的心理倾向。兴趣是学习的挚友，是学习的原动力。凡是学习感兴趣的事物，必然力求去认识它、掌握它。学生有了学习兴趣，学习活动对他们来说就不是一种负担，而是一种享受，一种愉快的体验。

二、调整课本内容，培养学生自主学习能力

1. 引导学生搜集相关资料，充实课本内容

许多教师在课堂教学中采用传统的教学方式——直接搬用课本例子或自己举例说明课本中的结论，此教学方式容易出现以下两种情况：一是课本的例证早已为学生所掌握，因而受到学生冷落；二是教师对课本内容的解释与学生认识不符，因而不为学生认同，这样就常常使课堂教学变得枯燥无味。

要解决这一问题，我们不妨换一种教学方式：由教师课前搜集资料再在课堂上讲述，改为在课前由教师指导学生有目的地搜集资料，让学生自己举例，来解释课本中的结论。这一点在信息化的今天，对学生来说已不是什么难事，而且这样得来的例证，既能融入课本体系，又可丰富课本内容，而且更具有时代性、鲜活性，又由于这些资料的搜集由学生自己完成，因而更容易为学生所认同。

这样做的结果，不仅可以让学生深化理解课本内容，同时还可以大大调动学生的学习积极性，并初步学会质疑式、探究式的学习方法。

2. 引导学生参与社会调查和实践，讨论课本内容

"地理为生活"。要使学生学到活生生的地理知识，就必须在地理课堂上引用周边环境中的鲜活例证，最好的途径就是让学生参与社会调查，并且把调查结果拿到课堂上进行讨论，这样避免了教师直接灌输而学生全盘被动接受的局面。

三、剖析地理原理，指导自主学法

1. 学会提炼规律

在高中地理中有关地理规律的内容很多，例如，正午太阳高度角的纬度分布规律，气候类型分布规律，我国气温和降水的日变化、季节变化和年际变化规律，我国降水的空间分布规律，洋流分布规律，陆地自然带的水平和垂直分布规律等。如果能引导学生对地理事物进行空间分布、时间分布或演变方面的规律提炼，则有助于学生归纳能力的提高，也有助于学生思维水平的提高。

2. 学会学法总结

要善于对习题进行归类分析，细心揣摩答题思路，精心总结解题规律，认真解剖思维障碍，从而得出每一类问题的思维方法和解题方法，从中也可以使学生的思维方式得到提升。

四、自主学习地理的初步成效

通过一学期的自主学习培养，笔者把学生亲手做的教具一一摆放到学校的地理陈列室。观赏者无不惊叹于学生们的创新思维、环保意识、动手能力。学生看了以后也有一种成就感，更增强了他们主动参与课堂教学的意识，亦可以激发学生学习的积极性。课堂教学效果的提高更是有目共睹：在清远市教学质量抽查中，学生的地理考试成绩领先于全市其他学校。由于

地理科组全体教师认真贯彻地理自主学习理念，近几年，学校的地理竞赛成绩和高考地理成绩都有非常显著的提升。

在新课标理念指导下，笔者深深体会到学生能自主学习是教学的最高境界，学生由"被动学习"到"自主学习"是学生学习品质的飞跃。在新课标下的地理教学中，学生自主学习的培养已初见成效，我们将进行更深入的探索。

谈德育教育在高中地理教学中的渗透策略

范发平

如今，我国大力推进素质教育，教师应当深刻认识到自己对于促进学生全面发展所起到的作用，深入探究高中地理的教学内容，以更好地将德育渗透于高中地理教学中，从而促进高中地理教学效率的提升，以培养德智体美全面发展的学生。高中地理作为一门重要科目，教材中包含着许多思想素质培养的内容，因此地理教师必须深入研究教材，挖掘其中的思想内涵，加强对学生的德育教育，促进他们成为适应社会发展的有用人才，真正做到教育是"为党育人，为国育才"。

一、高中地理教学中的德育内容

1. 爱国教育

地理是中学的一门必修课，通过教学实践可以看出，它对学生的基本素质有很好的促进作用。在地理教学中，教师可以通过加强对学生忧患意识的培养，使其转变为危机意识，从而有效地提高学生的爱国热情。在以往的中学地理教学中，经常会提及国土辽阔、物产丰富，这种教育可以让学生产生一种自豪感和自信心，但同时也要指出我们国家的地理劣势，那就是我国人口基数很大，资源和环境问题也很严重。通过对我国国情的介绍，使学生们意识到自己的历史使命，增强其爱国意识。

2. 环保教育

环境保护的目标是使学生能够正确地理解人类、文化和环境之间的关系。在新课标改革背景下，高中地理课本上有很多关于环境的知识，对教师的教学要求也越来越高，不但要在地理教学中体现出对环境的认识，还要深度探究教材的内容，让学生了解到环境对人类生存与发展的重要影响，以及人类与自然友好共处的意义。因此，地理中的环保教育是中学生学习的重要内容。在高中地理教科书上，环境教育的内容很多，强调自然环境是人的生命活动的重要场所，具有明显的发展变化规律；各地区的地域差异是显著的，人类的生产活动必须因势利导，因地制宜；人类的一切活动都要注意与环境的关系，要尊重自然法则和道德伦理；一个地区的地理要素发生变化，必然会影响到其他地区。因此，在中学地理教学中，要充分运用教材中的知识和实例，强化学生的环保意识。

3. 乡土地理教育

乡土地理是指地理位置、地形地貌、气候、动植物的特性以及各种自然资源，并通过对资源的改造，使其具有地域特色的工业、农业、交通、古迹等。把乡土地理的思想道德教育渗透到中学地理教学中，不仅可以提高学生的思想素质，而且是新课标下中学地理教育的一个重要环节。通过对教学内容的充实和巧妙的设计，使学生了解家乡的地理、人文特征，了解家乡的历史变化和人们对自然的改造和利用，从而了解家乡的发展和建设经济的基本战略方向，一步步提升学生对家乡、对祖国的热爱之情，从而帮助学生树立建设家乡、改造家乡的理想信念。

二、高中地理中的德育渗透现状分析

根据调查研究，我们可以发现，目前我国高中地理教学中存在着许多问题，而且地理教学远远没有达到我国素质教育的基本要求，对学生的德育教育渗透不够。地理是学生在中学阶段的一门重要学科，学生可以通过地理课程了解到世界的广博和奥秘，以及祖国的风土人情和大好河山，并且还可以在学习过程中锻炼综合能力。但是，在实际的教学过程中，许多教师只是向学生传授需要考试的知识，没有将德育教育与地理知识的教学有机结合起来，这对于学生更加深入了解地理知识和培养其各方面的能力有着很大的消极影响，并且这与我国的素质教育相悖。因此，我国各级各类中学应当加强对教师的培训，促使教师将德育教育与地理教学活动有机结合起来，从而在教授地理知识的过程中对学生进行全面的培养，实现高水平的素质教育。通过高中地理教学让学生更好地提高四大核心素养：人地协调观、综合思维、区域认知、综合实践力。

三、高中地理进行德育教育对教师的基本要求

1. 教师需要深刻领悟德育教育的重要意义

目前，我国深度贯彻德育教育工作，教师只有深刻意识到德育教育的重要意义，才能够贯彻德育教育的理念，将每个科目的教学都与德育教育相结合。德育教育是培养学生良好人生态度的重要内容，具有十分重要的作用。因此教师需要加强自身关于"立德树人"的认知，提升自身的综合素质水平，从而促进学生全面发展。高中地理教师的教学目标应当注重学生的全面发展，从而落实在教学中贯彻德育教育。

2. 教师应当具有高尚的思想情怀

教师拥有高尚的思想情怀，可以在教学过程中不断为学生渗透德育，从而培养学生的优良品质。在高中教学过程中，学生往往拥有自己对世界和社会的认知，这时只有教师具有较高的素质水平、高尚的思想与情怀，才能对学生产生正确的引导，从而培养全面发展的人才。地理是学生在高中学习阶段综合性较强的学科，它不仅包括应该掌握的地理知识，还能帮助学生提升地理素养。在地理课程的学习中，学生可以丰富自己的阅历，促进自己的全面发展。因此，高中地理教师更应该不断提升自我，从而更好地服务于高中地理教学。

四、高中地理教学中德育教育渗透的有效策略

1. 教学中坚持实事求是，正确引导学生

高中地理是一门复杂的课程，教师在教学过程中应当辩证地将德育教育渗透于教材的内容中，积极挖掘其中的内涵，坚持实事求是，培养学生良好的学习态度。高中地理教材中自然地理部分不免有许多介绍我国地形地貌的内容，教师可以利用这些内容，深入探究我国各地的各种民风民俗，培养学生的爱国主义情怀和民族自豪感。例如：在教学必修一第四章"地貌"时，教师为学生讲解许多常见的地貌，而早在三百多年前我国著名地理学家和文学家徐霞客便在他的《徐霞客游记》中描述了许多地貌。教师可以在为学生讲解完课本上的内容后，引导学生在课下读一读《徐霞客游记》，感受祖国的大好河山，感受祖国博大精深的文化。同时，教师为学生讲解不同地貌特征时，总会为其举出大量的实际例证进行详细讲解。比如，在讲到河流地貌时，教师会为学生讲解三角洲的形成，而我国就存在着最"年轻"的黄河三角洲。

教师可以引导学生深入探究黄河三角洲的形成，并研究当地的人们是如何生活的，从而更加了解祖国的每一片土地，培养学生浓浓的民族自豪感。

2. 理论与实际相结合，学习生活中的地理

地理这门课程的教学，需要教师将课本上的内容与实际联系起来，从而更好地贯彻培养"地理实践力"的素养教育方针。人文地理部分都与我们的生活息息相关，每时每刻都存在于我们身边。因此在学习此阶段的内容时，教师可以让学生以生活为背景，自己去探究当地的人文地理内容，从而促进学生地理实践力的提高。例如：在教学必修二第一章"人口"时，学生在第一节就会学到"人口的分布"，而在学习之前，教师可以引导学生思考当地的人口分布情况，以生活作为背景，研究要学习的人文地理知识。然后以小见大，让学生思考我国的人口分布情况，再进行延伸，探究我国不同阶段人口政策的调整。这样以生活作为研究对象，让学生在日常生活中学会知识，培养其实践探索精神。

3. 营造多样化的教育环境，提高德育的实效

在一定程度上，营造多样的教学环境能够增强学生对知识的认识，激发学生的深层思考，从而促进教学效果的提升。随着我国科学技术的飞速发展，多媒体技术越来越多地被运用到了教学中，通过图片、视频等多种形式的展示，使学生能够直观地体会到语言表达不出来的效果。因此，教师要充分发挥多媒体技术的巨大优势，加强对学生的道德教育。例如：在教学选修课 5"中国的自然灾害"的时候，教师可以在备课阶段收集各类自然灾害的影像和图片，并在课堂上利用多媒体进行演示。在实际教学这一课时，教师给学生讲解了一些基本的理论知识，然后用"5·12"汶川大地震的例子，

讲述地震发生后人们的家园被夷为平地的场景，让学生深刻地体会到人类在灾难面前的脆弱和无力。接着，教师又播放了解放军战士、民间救援队、普通民众在灾后救援的录像，让学生在这一课学习后，学会自强不息，永不放弃，增强其社会责任感。这样，一是可以使学生感受到中华民族的强大凝聚力，增强其民族自豪感；二是加强了学生对灾难的防范意识。

4.借助信息技术，促使学生身临其境

近几年来，随着科技的不断进步，许多教师也已经习惯了在教学过程中使用现代信息技术，通过图片、视频、3D 播放技术等等，让学生有身临其境的感受，从而呈现更加优质高效的课堂。比如，高中地理教师便可以利用现代信息技术，为学生展现不同的地理特征，让学生通过观察图片和视频分析不同的地理特征，也可以让学生通过观察图片说出图片中所展示的属于什么地形地貌，这样不仅能够让学生更好地参与到课程学习中，还可以加强其对地理环境的认识和理解，从而提高学习获得感。同时，也可以为学生播放一些有关人文变化的小视频，引导学生积极探索，培养学生对高中地理学习的兴趣和积极的探究精神，并且对其进行德育教育，深入贯彻将德育教育渗入课堂教学的理念。例如：在教学"水循环"一节时，教师可以为学生播放水循环的短视频，引导学生对我国水循环相关地理知识的探索，从而认识到节约用水、保护水资源的重要性。另外，在介绍我国的自然灾害时，教师可以利用多媒体，为学生展示我国人民齐心协力抗震救灾的图片或视频，从而培养学生的爱国主义之情和浓浓的社会责任感。

5. 为学生树立积极榜样，深入贯彻道德教育

学生进入高中阶段，一般都会在学校寄宿，因此教师是学生接触较多的人，教师的一言一行都会对学生产生重要的影响。作为高中地理教师，应严格要求自己，不断提升其专业知识水平，提高自我综合素质，为学生树立学习的榜样，无形中引导学生的素质发展。作为高中地理教师，更应该深入贯彻落实素质教育，以高质量的课堂渗透德育教育，培养学生成为新时代的接班人。例如：在教师讲解"环境与发展"一章时，会为学生讲解各种人类发展中面临的重大问题，这就需要教师关注更多的国际新闻，关心国家大事，才能为学生呈现优质课堂。在课堂中，教师的言谈举止和见闻可以为学生做榜样，从而培养学生关心国家大事的爱国之情，贯彻德育教育渗入课堂教学的理念。

6. 重视历史发展，加强民族意识

教师在地理教学中可以适当地引入历史知识，丰富课堂内容，使其具有趣味性，扩大学生的知识面，从多个方面对教学内容进行剖析。使学生了解地理中的历史发展历程，这不只可以巩固已学知识，还能够提高其民族意识，提高国家认同感。例如：在选修课2"维护海洋权益　加强国际合作"这一课讲解中，教师就可以从钓鱼岛的起源和钓鱼岛的历史记录入手，让学生认识到钓鱼岛是我们国家的固有领土，是我们国家的一部分，从而增强学生的领土意识、家国意识。

7. 组织课外实践探索活动，提高德育教学有效性

高中地理教师还可以组织一些与教学有关的课外实践探究活动，从而达到德育教育的有效渗透，给学生更多自由活动和探索的空间，强化课堂上的学习，增强学生的综合素质。教师应结合学生的认识发展和现实情况，合理地组织教学和探究活动，使学生在探索中巩固学科知识，提高核心素养。例如：在

"自然资源与人类"这一课教学时,教师可以根据教学内容来设计课外实践和探究,引导学生对水资源的分布状况进行调查,并基于此尝试性地提出一系列保护水资源的策略。通过课堂上的学习,让学生认识到水资源的实际污染程度,从而加深对课本中所学知识的理解,培养学生对环境保护的认识,提升德育教学的效果。

五、结语

在新课改的不断改革过程中,素质教育越来越重要。高中地理课程中要加大渗透德育教育,落实素质教育理念。这就要求教师需要全面提升自己的能力,关心学生的身心发展,从而找到教学中渗透德育的有效策略,实现对学生德育的培养。

谈基于大单元设计下的地理学科
核心素养之培养
——以"农业区位因素及其变化"为例

范发平

"人地协调观"与"区域认知"是地理学科的重要内容，也是渗入核心素养培养的重要途径。核心素养的提升离不开教师对教学模式的创新，然而在实际教学中，很多教师在一味求新求异，偏离了主题思想。本文以"农业区位因素及其变化"的理论知识为载体，以广东省英德市发展红茶的区位因素的变化为案例，对地理学科中有效核心素养培养提出以下几点建议。

一、基于人地协调观，精心设计导入

"圣人畏因，凡人畏果"，要使素质教育取得良好的成果，地理学科教师必须重视课堂导入的设计。首先，教师要注重课堂导入价值观的确立，在"农业区位因素及其变化"这一主题单元下的课堂导入价值观应该确立为"人地协调观"，以此为基础开展课堂导入，将陈旧的、过时的教学内容摒弃掉，选择热点话题，将生活与教学内容紧密结合。然后，在课堂教学中，将课堂导入作为导线，串联知识点，在激发学生学习积极性的同时，也帮助学生明确课堂知识的重难点。因此，精心设计的课堂导入就像为课堂这艘航船设下的锚点，让学生准确地找到课程的重点。通过这种课堂模式的设计锻炼了学生的逻辑思维能力和独立思考能力，将核心素养的培养完美地渗透到课堂教学中。例如，随着英德市红茶的不断推广，有些企业已经开始建设有机茶园，教师可以通过展示茶园环境照片，如种植了大量松树的茶园，以桂花和杉木作为防护林，有机肥料的合理利用，禁止施用杀虫剂等举措打造了生态化茶园。此外，"红茶文化""知青文化""归侨文化"的深入探究推动了茶旅结合的经济模式，砂糖橘、百香果等农作物的种植是茶园对多样化生产模式积极探索的成果展现，还通过开展自助采摘活动吸引更多的游客认识生态茶园。通过这个例子，使学生体会到"人地协调"概念，建立起人与自然和谐相处的价值观。运用生动的实例进行教学，能有效地激发学生的听觉、视觉、触觉等多种感官，激发学生的学习积极性，让学生近距离地享受自然与人类生活的和谐发展，从而树立科学的人口环境观念。

在课堂导入时，实例的选取并不是随机的，它首先要和教材内容能够完美地契合，其次要给核心素养培养留出足够的空间，只有这样核心素养和理论知识教育才能实现双向促进。

二、建立探究式合作课堂，培养学生综合思维能力

在我国高校体育教学改革的进程中，传统的"灌输式"教学模式已无法适应现代教育的需要。因此，探究型合作教学的出现，既可以有效地提高学生的学习兴趣，又可以促进学生的创造性思考，培养学生的协作精神和创造力。在探究式合作课堂创建时，教师要注意以培养学生综合思维为目标，以多样化的探究模式为手段，让学生能够主动地探究地理知识，理解地理知识中的规律以及认识人与地理的关系。

例如，英德市（英德市唐代属韶州）早在唐朝就有了茶叶的生产，明代时，英德市是贡茶的发源地。英德市是在1955年开始发展茶业的，20世纪60年代，广东省农业科学院茶叶研究所（简称"茶研所"）成功地培育出了外形匀称、香气浓郁且纯正的优质品种——"英红九号"，对英德市的发展具有重要意义。为了让学生对这一知识有充分的认知，教师可以通过探究式教学，引导学生对"英德市种植茶园的优势社会条件"进行探讨分析，通过对英德市红茶茶叶的历史优势、技术水平、茶叶品质等资料的查阅、整理，以及对消费市场、交通运输、政策支持等方面的分析，找到最合理的答案。在这一探究过程中，学生不仅对农业区位因素对农作物产生的巨大影响有了深刻的认知，还在逻辑分析能力、观察思考能力以及合作探究能力等多方面得到了提升，实现了核心素养培养的完美渗透。

三、用案例及提问丰富教学，培养区域认知能力

"学源于思，思源于疑"，问题情境的创设是提升学生学习主动性的重要手段。地理教师可以结合实际案例对区域地理进行解读，将地理知识与生活实际情境相结合，让学生认识到地理知识的实用性，从而激发学生的求知欲，同时也提升了学生的知识运用能力。为了加深学生对农业区位选择的认识，教师也许会运用多媒体进行直观展示，让学生对区位有一个整体的认知，这在一定程度上能够为学生构建知识框架，但要使学生真正掌握课堂的重难点，知识简单的图形呈现是无法满足学生的学习需求的。教师需要结合实际，对具体的区域进行深入探析，在其中凸显知识的重难点。以问题情境为导向，激发学生独立思考，只有这样学生才能够将课堂所学知识纳入到自身

的知识体系当中去，提升自身的区域认知能力。这一过程，对学生自主学习能力的培养正是核心素养培养的重要体现。

例如，英德市自 20 世纪 80 年代至今，茶叶种植面积已增长 20 多倍，茶叶产业规模、效益、品牌效应等方面都处于全国领先地位。20 世纪 80 年代，茶研所研发了一批优质的红茶；20 世纪 90 年代，喷灌技术在我国已被广泛采用；2006 年，英德红茶荣获国家地理标志；2011 年，英德市实现了连续、清洁、规模化的茶叶生产全流程；2018 年，英德市茶叶公司与茶科研单位共同建设了国内第一家智能中心茶园，在生产技术、设备的自动化方面做了突破性变革，智能化生产流水线正式投产。这一系列骄人的成绩，无不体现着人们对区域认知的提升所带来的经济效益的突破。为了通过此案例让学生深刻地认识到区域认知对社会生产产生的影响，教师可以引导学生对此案例进行深入剖析，让学生思考"英德市智能工厂生产线的动力是什么？促使红茶生产的成本变动有哪些？"

教师通过案例和提问的方式丰富了教学课堂，也在课堂中充分发挥了引路人的角色，让学生通过独立思考、自主探究的形式认识到人类对区域的正确认知对生活的重要影响，以此巩固课堂知识的同时，认识到地理知识的实用性。

四、提出大胆猜想，升华区域认知，树立人地协调观

最高效的课堂教学莫过于能够让学生大胆地猜想，通过自己的观察，对知识质疑，然后主动地寻求答案。地理学科的学习对学生空间架构能力以及逻辑思维能力都有很高的要求，然而，这些能力的提升都需要学生能够跳出思维定式，对学科知识、自然现象提出大胆猜想。

近几年，随着网络技术的飞速发展，英德市委、市人民政府联合网络平台，开展"英德品牌"网络营销活动，以进一步扩大

英德市茶叶的销售网络。目前，网上销售英德红茶的官方旗舰店已开始销售。此外，利用直播平台引来大量的网络流量，有效地促进了英德红茶的销售。2018 年，网上英德红茶销售额超过总销售量的 30%。教师可以以此实例为切入点，在课堂开始时，将英德红茶传统销售模式所面临的问题抛给学生，让学生结合所学地理知识对英德红茶的优势以及面临的阻力进行分析，探讨出改善方法。当教师最终揭示英德红茶新的销售模式时，一定会让学生产生一种成就感，从而培养学生学习自信心。这也是培养学生核心素养的重要途径。

五、结语

总而言之，大单元设计背景下的地理教学要想将核心素养培养完美地渗透，需要教师对单元主题进行深入研究，然后优化教学过程。通过教学实例的引入、探究式教学以及问题情境创设等手段，激发学生的学习兴趣，让学生主动地探究知识内涵，实现地理核心素养培养目标。

新课标下高中地理课堂情境教学的行动研究

王松常

《普通高中地理课程标准（实验）》（即"新课标"）指出，地理学科要改变传统的教学方式，不能继续采用落后的传输式教学，应根据教学发展的规律，与现在的新型教学技术相结合，将情境教学法运用到地理教学的课堂中。教师通过创设一个规定的情境引导学生进入到现实生活的氛围里，激发学生对于地理课堂的兴趣，培养学习的热情，鼓励学生自主探究，使学生在情境教学中充分了解地理知识的概念与实用价值，促进高中地理课堂的高效运转，对我国教育事业也有促进作用。因此，对新课标下高中地理课堂情境教学的行动研究是非常必要的。

一、我国地理教学的发展现状

在我国高中教育课堂中，地理学科是一门接近自然科学的学科，在学生以往的学习中，没有相类似的科目，学生对于自然科学的认识只有从教学课堂中得到。随着新课程改革的不断深入发展，教育部门要求学校在教学过程中，注重培养学生的综合素质发展。新课标指出，要注重学生的心理变化。当前我国高中地理课堂存在一些不足之处，比如地理教学理念的落后，在地理教学的课堂上缺乏生动性，教师为了完成学校的教学目标，跟上评教组的调研进度，盲目追赶教学进度；学生对课本知识的认识比较疏浅，在课堂教学中仅仅让学生掌握大纲中的主要考察内容，缺乏地理知识的现实意义。

二、在地理教学中开展情境教学的方法与措施

1.采用灵活多样的途径和方法，为学生创设问题情境

在传统的地理课堂教学上，学校以及教师只重视知识的传授，往往不能给学生发现问题、探索问题的空间，使学生不敢问问题，不善于提问题，有的时候提出一些无价值的问题，这都不利于学生发展自己的个性和特长。因此，在新课标要求下，教师在教学中要注重激发学生的学习兴趣，根据课本内容联系实际，为学生创设一定的问题情境，比如在教学"人口的变化"这一节课时，教师要让学生提前预习课本，并让学生准备一些问题卡片，通过投影的方式让学生根据课本上的知识内容，找出人口的数量变化、空间变化、合理容量的特点等。让学生分组讨论，可以促进学生产生研究问题的意识，由原来的"接受式学习"转变为"探究性学习"，让学生主动找出答案，激发学生的学习兴趣和学习动机。

2.根据所学的学习理论，创设生活化情境

教师可以将生活经验与课本内容有效结合，在新课程标准下，要求学生"尝试从生活中发现地理问题"。教师可以创设一个学生熟悉的生活情境，比如在教学"农业地域的形成和发展"这一节时，可以图示一些农作物的卡片，展示不同地域农作物的状况；设计一些不同的天气环境，比如阴雨天、晴天、暴雨天等，探究不同气候条件下的天气状况对农作物以及人类生活的影响；还可以借助一些工具，让学生充分参与，活跃课堂气氛。让学生自主设计天气状况，可以更好地加深学生对不同天

气的理解,有利于教师将课本上的天气特点与生活情境相结合,使学生在展示中吸收知识点,并且便于学生理解。

3. 创设形象化问题情境

在新课标的课本内容中,许多地理概念比较抽象,一些地理原理富含逻辑性,大多数学生难以理解。由于学不会等问题,导致学生认为地理课堂枯燥、乏味,无法切身投入到地理课堂中,更无法了解书本上展示的许多地理现象,对大自然缺乏自我认知,缺少感性认识。教师可以充分利用一些多媒体手段,比如在教学"工业地域的形成与发展"时,可以搜集一些工业地区不同时期的图像资料,展示工业地区发生的变化。通过展示传统工业区与新兴工业区的图片和视频资料,让学生感受工业区位的变化,丰富学生的眼界,然后与之前学习的"农业地域的形成和发展"进行分析对比,找出二者的差异,探究农业和工业的地域形成、发展的特点。与实际相结合,使学生由表象的视觉认识到本质的思维探讨,理解地理知识的抽象原理,最终达到教学目标。

4. 可以创设野外实地观察情境

地理学科是一门接近自然科学的学科,需要学生亲身投入到大自然中,因此教师可以带领学生进行野外活动,把学生带出教室,去野外观测一些地形、地貌、山川、河流、土壤、植被,以及当地农业、工业和城市的发展等情况,这是实地情境教学。通过相关实地研究发现,实地情境教学便于实施,学生也都乐于参与,并且在外出考察阶段,也有效缓解了学生的学习紧张感,加强学生之间的相互沟通,拉近学生与教师之间的关系,同时给学生解决问题的空间,让学生将理论知识与实践有效结合起来,将地理知识有效应用到解决实际问题中,从而提高地理教学效率,促进学生的综合发展。

三、结语

综上所述，对新课标下高中地理课堂情境教学的行动进行研究十分重要。运用情境教学可以提高学生自主学习的能力，激发学生对地理学习的兴趣，提高学生的综合素质，促进学生的全面发展。

基于地理实践力培养的研学活动设计策略

王松常

《普通高中地理课程标准》（2017年版）中明确指出高中地理学科核心素养是"人地协调观""综合思维""区域认知"和"地理实践力"四个方面。地理实践力：指人们在考察、实验和调查等地理实践活动中所具备的意志品质和行动能力。考察、实验、调查等是地理学重要的研究方法，也是地理课程重要的学习方式。"地理实践力"素养有助于提升人们的行动意识和行动能力，更好地在真实情境中观察和感悟地理环境及其与人类活动的关系，增强社会责任感。学生能够运用所学知识和地理工具，在室内、野外和社会的真实环境下，通过考察、实验、调查等方式获取地理信息，探索和尝试解决实际问题，具备活动策划、实施等行动能力。

研学旅行是指学生集体参加有组织、有计划、有目的的校外参观体验实践活动。地理研学旅行是实施地理实践活动，提高学生地理实践力，从而有效培养学生地理学科核心素养的重要途径。

笔者在指导学生组织地理研学活动时，依据学生的知识水平、兴趣爱好等发展特征，将高中地理核心素养的培养融入地理实践活动中，让学生学习"生活中真实的地理"和"终身有用的地理"，进而激发学生对地理学习的兴趣，提升学生的实践能力与创新能力。本文主要结合研学活动对地理实践力的培养原则、活动设计案例、意义进行探讨。

一、地理研学活动的设计原则

1.主题性原则

地理研学活动由于选取研学点不同，研学的内容也是不相同的。因此在设计地理研学活动的过程中，教师应该根据不同的研学点来给学生设计不同的研学主题和研学路线。要根据各研学点的特色来开展既有利于地理实践力培养的主题，又能激发学生学习欲望的研学活动。研学的主题宜实不宜虚，实能使学生有效地识别研学活动的学习目标。

2.深度思维性原则

地理研学活动的问题设计在思维的深度上要能够为学生搭建解决问题、促进思维发展的梯子，问题设计的好坏直接影响思维的发展，学生思维沿着对问题链的探究而层层推进，在探究的过程中提升问题的解决能力；在思维的广度上，问题设计要有一定的开放性，学生根据研学活动研究点的具体情况，能从多角度进行思考，给出一定的个性表达空间，以利于其创新思维的发展。

3.探究性原则

地理研学活动绝不能只是地理课堂教学简单的"翻版"。地理研学活动的设计要将地理规律隐藏在较深的层次，要让学生去发掘；解决问题的方法与途径往往不太明确，需要学生通过尝试错误，提出假设并验证假设来寻找。

4.校内外资源综合性原则

地理科学研究地球千姿百态的自然环境以及它们与社会、

经济发展之间瞬息万变的关系，很多问题情景对学习环境的空间大小、配套的器材、师生的应用技术水平等有较高的要求。课堂学习由于受场地和条件的限制，环境单一，研学活动开展的机会有限，但是可以利用学校的各种功能室和在学校地理环境下建立的微型实践基地，如学校地质室、天文台、数字地理室等，从而为学生提供小专题式的研学活动。

但是，仅有校内研学活动的开展对于学生地理实践力的培养的作用有限，因为地理科学是研究地球表面自然现象和人文现象以及它们之间的相互关系和区域分异的学科。随着地理科学的快速发展，它不再局限于自然地理现象的研究，而是逐步涵盖自然科学和社会科学的双重特征。这样的学科特点就决定了地理教学必须广泛接触自然和社会。因此，在教学中应充分利用乡土地理资源，深度挖掘学校所在地区的地理要素、地理现象、地理问题，设计并实施研学活动，以达到校内外资源综合应用培养学生地理实践力的目的。

5. 安全性原则

研学活动的开展，尤其是地理野外研学活动，安全是第一位。因此研学活动开展前应对研学地点和研学路线进行风险评估，制定安全规范，建立应急预案。在遇到突发的安全事故时，应对研学地点和路线进行安全性研判，及时做出调整。

二、伦洲岛研学活动案例设计举隅

在社团活动中开展地理实践活动，让学生的地理知识从生活中来，再到生活中去，激发学生学习的兴趣，创新解决问题的方法，提升学生的地理实践力。

地理考察活动设计——伦洲岛考察

（1）地点与时间：清远市伦洲岛；半天。

（2）考察过程（表2）。

表2　伦洲岛考察过程

考察地点	考察内容	问题质疑	教师释疑
伦洲岛居民点与菜地	①伦洲岛在北江的位置特征，其与河岸的距离　②伦洲岛居民社区、道路、房屋设施、菜地等分布特征	①伦洲岛是怎样形成的　②人们在此居住需要防范哪些灾害　③居民在岛上所种植的农作物类型、土壤的类型与清远市的地带性土壤相同吗？有什么特点？请拍照加以说明	①解释河流地貌发育的过程　②解释夏秋季节清远市受汛期降水、台风降水导致北江河水水位上涨，易淹没伦洲岛的低洼地区造成洪涝灾害　③解释居民种植农作物对土壤产生的影响，人工肥料改变了土壤的性状
伦洲岛最北端	伦洲岛最北端沙滩地貌现象，以及沙滩边上所修建的护栏、河中航行标志、水位标记以及警示标记	①沙滩地貌在伦洲岛为什么只在北端形成　②人类活动对伦洲岛北端的沙滩演化产生重要影响，分析沙滩的开发对伦洲岛自然环境的影响	①解释山前冲积扇的形成过程　②运用地理整体性原理分析沙滩开发对伦洲岛发育的阻断作用，以及对水生生物、植被和水循环的影响
伦洲岛中部	伦洲岛的植被景观：南亚热带常绿阔叶林广东松、香樟的植株、树冠、叶片特征	为什么清远市会成为中国南方珍稀动植物的物种基因库	从气候、地形、植被种类的角度分析清远市成为中国南方珍稀动植物的物种基因库的原因

续表

考察地点	考察内容	问题质疑	教师释疑
伦洲岛南端	伦洲岛南端建有进出伦洲岛的轮渡码头,一艘动力轮渡船,以及码头上有水泥固化的现象	①为什么轮渡码头只在伦洲岛的南端设有 ②分析河岸水泥固化对伦洲岛的影响	从河流江心岛的水流特征分析港口建设的条件。从伦洲岛居民日常生活和全岛开发的角度分析河岸水泥固化的好处;运用整体性原理分析水泥固化河岸对伦洲岛发展的影响

（3）成果与评价：完成地理考察报告，制作地理考察海报并进行分享，进行自我评价、同伴评价和教师评价，形成评价等级。

三、研学活动对地理实践力培养的意义

1.学生的观察能力得到培养

地理研学活动是带着问题和任务开展的学习过程，在研学过程中学生不仅要观察地理事象的表象，还要透过表象去探究事象背后的地理概念、地理原理、地理规律。因此开展研学活动能极大地提高学生的观察能力。

2.学生的实操能力得到增强

在地理研学活动开展的过程中涉及许多地理探究工具的使用，如皮尺测量距离、运用手机导航软件进行导航和定向、岩层成分和走向的判定、土壤层和肥料层的厚度测量、各种地形模型的制作等，在不断动手实践的过程中，学生的地理实践操作能力将得到很好的锻炼和培养。

3.学生的地理问题探究能力得到提升

地理研学活动注重对地理问题的探索,倡导学生自主学习、

合作学习和探究学习。尤其是地理野外研学并非只是到野外走一走，看一看，而是要以科学的探索态度和地理学科的思想方法与思维特性对地理问题和现象进行追问。通过实地考察，观察现实存在的地理事象，对地理事物空间分布的位置关系、空间形态、空间排列方式和空间制约关系、依存关系等进行有条理地推理、概括与归纳，训练学生分析地理过程与变化。通过运用地理空间动态过程的分析、规律概括等学科思维模式，训练学生的逻辑推理能力。

四、结语

培养学生地理实践力的途径多种多样，地理教师可以根据自己学校所在地的环境、学校的校情、学生的生情来开展丰富多彩的地理研学实践活动。灵活多样的地理研学实践活动的设计能较好地促进地理教师专业能力的发展，较好地培养学生的地理实践力和自身地理素养，更好地丰富学校校本课程内容的开发，从而更好地落实国家"立德树人、实践育人"的教育发展理念。

谈"三动式"高效地理课堂的实施

梁　婕

　　所谓"三动式"高效地理课堂，即课前任务驱动——梳理文本，吸收知识；课中师生互动——同学同练，内化知识；课后培育自动——自我检测，巩固知识。

　　"三动式"高效课堂模式在吸收翻转课堂教学模式的基础上，进一步创新了地理课堂师生有效互动、学生有效学习的形态。

　　教学模式，是在一定教学思想、教育理论的指导下，教学活动各要素依据一定教学目标、教学内容及学生认知特点，所形成的一种稳定而又简约化的教学结构。教学模式的改革是深层次的改革。高中新课标的实施使课堂教学模式改革势在必行，为了更好地落实现代学科教育理念，推进高中新课程改革，清远市第一中学依据新课程标准，从清远市第一中学的师资力量和生源状况出发，努力推动实施"课前任务驱动—课中师生互动—课后培育自动"的课堂教学模式，提高课堂教学的实效性。

　　"三动式"高效地理课堂要求：在讲课之前，教师的准备工作很重要，首先在备课环节需要教师进行集体备课，统一课前参与题目，然后在这样的基础上，每一位教师再将教学内容与每一个班级的学生接受实际相结合，进行具体的修改；设置的问题既要符合学生的实际，又要简洁精练，不能增加学生的学习负担，另外，问题还要有一定的指导性和拓展性。

在进行课堂讨论时，要想真正落实讨论，不落入形式主义的套路中，教师就必须要指导学生进行基本技能和方法、技巧的训练；还要对学生交往、倾听、互动评价等能力进行训练。只有在学生具备了相应的能力后，所进行的课堂讨论才能真正落实，才能确保研讨的质量和效果。

俗话说，"良好的开端是成功的一半"。课堂导入要以最少的时间、最快的速度拉近学生与教师、学生与教材的心理距离。课堂导入要起到以下几方面的作用：

（1）激发学生的学习兴趣。地理教师在导入中精心设计生动的导入语言，充分联系学生的生活实际，或展示图片，或演示实验，使学生感到学习地理既有意义又富有趣味，从而产生积极的学习态度。

（2）启发学生积极的思维活动。如果在导入设计中引入启发性的问题，采用形象化的语言叙述，创设富有联想的教学情境，就能燃起学生的思维火花，激活学生的思维引擎，增长学生的智慧。

（3）增强学习注意力，明确学习任务。上课伊始，教师在导入过程中将即将学习的主要内容、学习要求、学习方式预先告诉学生，使之能以最短的时间和最快的速度进入学习状态，从而增强学生学习注意力，明确学习任务，使学习过程变得主动和有序。

自主是培养能力的第一步，应始终引导学生自己去思考、去领悟。为了让学生更好地体验地理、融入地理、感悟地理，在课堂上要注意发挥每一个学生的主观能动性，凸现学生的主体地位。

首先要营造自主学习的氛围。课堂上教师要尊重学生的个性，相信学生的潜力，和学生建立民主、平等的师生关系，增强情感意识，努力做到与学生换位思考问题。要热情鼓励学生放开思路，大胆发言，不轻易批评学生，使学生在轻松的环境中学习。

其次要教给学生自主学习的方法。学生自主学习的方法有：会读、会想、会讲、会问等。

会读，就是看书看课文，精读细看，深入理解，能提出问题，并能解决问题。看书时要注意将关键疑难处勾画出来，并及时独立解决问题，不能解决的及时记录下来。

会想，就是学生独立思考问题。课上要让学生多动脑，想解决问题的方法，要给学生创造良好的思考问题的环境，促使学生们动脑，积极思考问题。对不爱思考的学生，可先让他们回答问题，再提示激疑，促使他们带着问题去思考。在学生思考时教师要根据需要提供一些现象或实例来帮助学生做出准确的判断。

会讲，即尽量让学生在讨论中多说多讲，促使学生会讲，深入讨论。在分组讨论中，教师可根据问题让学生轮流做主发言人，并让其他学生都有发言的机会。不仅要让学生说结论，而且要让他们讲思路，讲思维过程，促使学生在讲前去读、去看、去想，讲后去听、去问、去归纳。对于有难度的问题，教师要参与讨论，并适当启发点拨。

会问，即学生质疑问难。教学过程要鼓励学生质疑问难。在学生阅读课本后，要求他们提出不懂的问题；在理解知识和应用知识过程中，要鼓励他们提出不同的见解，展开争辩，始终保持质疑、释疑的学习情绪。

许多地理教师在进行教学设计时，往往只关注教学进度是否完成，教学环节是否流畅，教学点拨是否及时到位等，忽视了对学生学法的研究设计。事实上，高效的地理课堂，教师更应把学生活动设计放在首位，地理导学案的设计就是其中最有效的方法。

地理导学案是指教师为指导学生进行主动学习而编制的学习方案，供学生在课前预习、课堂学习和课后复习时使用。地理导学案能大大减轻学生的课业负担，让学生把更多精力投入到课堂思考、讨论、记忆及运用上来，从而达到规范教学、减负增效的目的。地理导学案是引导学生主动学习的路线图，也是教师指导学生学习的方案，导学案不仅明确学生学习的内容，而且能使学生的思维过程比较清晰。课前充分预习，课上充分展示，体现认知规律，引导学生主动参与，培养学生主动学习的习惯和合作交流能力。教师只有深刻理解教材内涵，精心设计每个教学环节，才能编写出一份真正体现新课改理念的导学案，从而为构建高效地理课堂打下坚实的基础。

"三动式"高效课堂模式在地理学科的实施案例。

案例一：潘小玲老师的《西气东输》

课前任务驱动

课前先让学生分析《中国水资源的分布》《中国水能资源》《中国石油、天然气资源的分布》《中国主要煤矿的分布》等地图册，归纳出我国水资源、水能资源、石油资源、天然气资源和煤炭资源的空间分布特征，并从这些资源的分布特征总结出我国各种能源资源分布的总体格局。然后从城镇分布特点推断分析，我国东部和西部经济发展特点，并思考我国进行资源跨区域调配的原因。

课中师生互动

合作探究一：西气东输工程概况

教师：结合材料，假如你是参与西气东输管道建设的工程师，在施工过程中，建设难度最大的是哪些地方？西气东输管道主干线起点为新疆轮南油气田，终点为上海。管道主干线途中经过靖边及许多大中小城市，其原因是什么？

教师进行方法归纳，调什么，如何调。

合作探究二：实施西气东输的原因

第一步，比较东部、西部能源生产与消费的数据，可以发现什么问题？

第二步，探讨大量使用煤炭作为能源会带来哪些问题？根据以上资料推测，你觉得天然气在我国能源消费市场中前景如何？能源消费结构是否有调整的需要？

第三步，指出未来我国能源矿产资源开发的重点战略地区在哪里？总结我国实施西气东输的原因。

第四步，教师进行方法归纳，为什么要调。

合作探究三：西气东输对区域发展的影响

教师：分别在轮南和上海居住的居民小明、小亮惊喜地发现，自从西气东输工程建成后，自己所在的地区发生了很大变化，对此他们感到非常高兴。请同学们参考课本内容，结合所学知识分析一下，西气东输工程对两地的经济、环境等方面有什么影响？

教师进行方法归纳，资源调配带来了哪些影响。

课后培育自动

学以致用：运用研究资源调配的基本思路，分析我国另一重要资源调配工程——南水北调。

案例二：梁婕老师的《大规模的海水运动》

课前任务驱动

课前先让学生了解洋流的相关概念、性质和分类，然后给出案例"小黄鸭的奇幻漂流"，案例里介绍了小黄鸭被发现的地点，最后给出课前任务——结合高中地理必修一课本 P57 图3.5《世界洋流分布图》探讨小黄鸭是怎样漂流到世界各地的？

课中师生互动

第一步，假设在地球表面全是海洋的理想状况下，用箭头画出盛行风影响下的洋流分布。（提示：洋流此时除盛行风外，还受什么因素影响）

第二步，在第一步的基础上加入陆地形状，在实际海陆分布图上用箭头画出洋流的分布。

思考：在第一步假设条件下形成的洋流，哪支在实际中完整保留下来了？

第三步，观察《世界洋流分布图》，有没有特殊的海区？

第四步，小组合作探究：结合图3.5，总结洋流分布特点。

第1组：观察南、北半球中低纬海区大洋环流，看看两个海区洋流运动的方向有何差异？（注意东西两岸的洋流性质有何不同）

第2组：北半球中高纬海区，洋流运动的方向？（注意东西两岸的洋流性质有何不同）

第3组：南半球中高纬海区，洋流运动的方向？（注意洋流的性质）

第4组：北印度洋海区，冬、夏季的洋流流向有什么变化？为什么？

最后学以致用，首尾呼应，探讨课前案例中的小黄鸭是怎样漂流到世界各地的，并由学生根据洋流分布图介绍小黄鸭的漂流线路。

课后培育自动

留下课后研究问题：有这样一个奇怪现象——地处北极圈内的摩尔曼斯克是个终年不冻港，而地处中纬度地区的符拉迪沃斯托克却长时间封冻。这是什么原因导致的呢?

课堂教学改革是一个艰辛的过程，如历史上任何一项改革一样。教学改革关系百年大计，所以，我们只能成功。一项事物之所以会成功，往往在于人们的坚持，正所谓"坚持到底就是胜利"。所以，对于"三动式"高效课堂教学模式的应用，我们唯有坚持才能发现其真正的价值。无论是应用中出现的学生问题、教师问题，还是模式问题，只要我们怀着积极的心态，正确理解，根据不同的学情科学灵活地应用教学模式,不断改进，"三动式"高效课堂教学模式就一定会在清远市第一中学扎根。

地理核心素养下的情境教学策略探索

胡志坚

一、问题的提出

2017 年国家已经正式颁布新的《普通高中地理课程标准》，其中最大的改变就是课程标准由原来的三维目标变为地理核心素养，并对教学内容及呈现方式作了重大改变，强调课程内容以主题为引领，课程内容情境化，促进学科核心素养的落实。

目前，针对高中地理课堂教学，广大一线地理教师虽然作了创设多样的课堂模式尝试，但仍在过度依赖教材，没有对教材进行再开发，依然习惯按照教材篇目顺序侧重知识点的讲授，或者设计的情境与课程内容结合度不够，又或是趣味性无法吸引学生，课堂显得干瘪，缺少生气，又或是设置了一些浅层次的问题情境，学生思考的深度不够，课堂效率低下。如此的教学模式，对培养学生能力，特别是对地理核心素养的落实是不利的。本文旨在基于地理核心素养创设有效情境，提高课堂效率的教学研究，以提升学生的地理核心素养。

二、情境教学法与地理核心素养解读

1. 情境教学法

情境教学法是指在教学过程中，教师有目的地引入或创设具有一定情绪色彩的、生动具体的场景，以引起学生一定的学习兴趣，从而帮助学生理解教材，并使学生的心理机能得到发展的教学方法。情境教学，是对社会和生活进一步提炼和加工后影响学生，核心在于激发学生的情感。

2. 地理核心素养

地理核心素养是指通过地理学习，学生应具备的地理学科特性，即适应终身发展和社会发展需要的、必备的地理学科品质和地理核心能力。地理核心素养主要包括人地协调观、综合思维、区域认知和地理实践力。

3. 情境教学法与地理核心素养的关系

面对新时代立德树人的要求，新课标提出改变以往教学模式，强调以学为主，以教为辅，建构以探究学习、体验学习、深度学习的渗透核心素养培养的创新课堂，改变过去以知识点讲授为主的教学，传授学生知识，教会学生学习方法，让学生体验学习。这就要求进一步精选学科内容，灵活使用教材，积极利用多种资源，以主题为引领，使课程内容情境化，在地理情境中促进学科核心素养的落实。

三、创设地理情境，落实核心素养

1. 基于真实情境提升综合思维

苏霍姆林斯基提出："如果教师不想办法使学生产生情绪高昂和智力振奋的内心状态就急于传授知识，那么这种知识只能使人产生冷漠的态度，而给不动感情的脑力劳动带来疲劳。"让学生情绪高昂和智力振奋，无疑就是教师创设的教学情境。按照认知就近原则，学生只对发生在身边的真实地理事物有亲近感，才有探究的欲望。他们对空间距离比较远或虚拟的地理事物会产生陌生感，新知识自然只能让学生产生冷漠的态度，教师无论讲得多精彩也是徒劳。

如在教学"工业的区位选择"时，课标要求结合实例，掌握影响工业区位的主要因素，判断不同工业部门的主导区位因素。一般来说，教师上课可能会创设这样的情境：有一个朋友几天前说出了他的困惑，即他要投资建一个钢铁厂，却不知该把工厂建在哪儿，朋友为此事很苦恼。本节课请同学们和老师一起分析影响工业区位选择的因素，为这个朋友出谋划策。创设这样的情境，教师的预期是让学生就"在哪建钢铁厂"的情境探究影响工业的主要区位因素，但创设的情境有一个很大的缺陷就是脱离生活实际，过于理想化，学生会对是否真有这样的朋友产生怀疑，情境创设也起不到预期的效果。笔者是这样设计情境引入新课的：展示怡宝纯净水、恒大冰泉两种瓶装饮用水。设问：两个品牌同样是瓶装水，怡宝纯净水生产地有多处（包括清远市），而恒大冰泉只有唯一的生产地（吉林省长白山）。请从工业区位因素考虑两种品牌的饮用水分别属于什么导向型工业？

两种品牌的饮用水都是学生生活中常见的，但关于生产地的问题又是学生平时不留意的细节。创设真实的情境一下就吸引了学生的注意力，甚至会马上拿起桌上的水瓶去验证生产地是否如此。学生带着疑问去思考影响工业区位选择因素，培养了综合思维的能力。可见在进行情境创设时要贴近学生的认知，基于真实的情境。

2. 基于生活情境渗透综合思维和地理实践力

情境需具备时间、空间、情节、问题四个要素。高中地理课理论性强且比较抽象，对于大多数学生来讲是枯燥乏味的，课堂也缺乏生气。因此，地理教学应当将理论知识和生活实际联系起来，充分发挥学生的主体作用，提高课堂效率，真正实现"学习生活中有用的地理，学习对终身发展有用的地理"的基本理念。运用情境教学法，让学生在熟悉的生活情境中学习地理和运用地理知识，感受地理与现实的密切关系，引导学生在积极的思维活动中学会提出问题、分析问题、解决问题，有效激发学生学习地理的内部动机，促使学生乐于学习地理，从而有效提高地理课堂教学效率。

如在学习气旋与天气时可引用曾给清远市带来强风暴雨，严重影响生产、生活的台风情境，同时作如下设问：2017年，14号台风"帕卡"的中心于8月27日9时前后在我国广东台山东南部沿海登陆，登陆时中心附近最大风力12级，气压978百帕。气象专家提醒，虽然"帕卡"强度不及前台风"天鸽"，但登陆地点相似，风雨影响区域重合，要谨防灾害叠加效应。由于台风结构不对称，"帕卡"的最大能量位于台风中心以东。这样一来，还未从"天鸽"中恢复过来的珠海、澳门以及香港将再次遭受台风的最强力量袭击。

（1）画出台风"帕卡"登陆时的天气系统平面示意图。

（2）分析台风"帕卡"形成狂风暴雨的原因。

（3）据监测发现，"帕卡"登陆时香港的暴风雨强于阳江，试分析其原因。

（4）面对台风"帕卡"带来的危害，居家生活应采取哪些防范措施？

教师以经历的台风创设情境，包括时间、空间、情节、问题四个要素，比传统讲什么是气旋以及气流的运动方式等纯知识点的教学方式更加贴近生活。设置的四个问题有动手画图、原因分析、比较分析、解决问题，渗入综合思维和地理实践力。

3.基于开放情境培养区域认知和人地协调观

课堂情境的创设不一定都由教师提供，也可以鼓励学生围绕某个教学目标，通过新闻报道、图书馆查阅资料、实地调查走访等途径创设情境。让学生在创设情境的过程中锻炼信息收集、文字表达、设问等能力；通过实地走访还可以感知不同地区的区域特征、环境问题及解决的措施，培养他们的区域认知和人地协调观。

比如在学习"人地关系思想的演变"时，笔者尝试在课前一周鼓励学生挖掘身边的案例，以学习小组的形式创设情境并在课堂上展示。接到学习任务后学生们非常踊跃，分工合作，很好地完成了学习任务，其中有不少优秀的案例。比如，其中一组学生创设的情境无论是文字表达还是设问角度都非常优秀，被选作课堂教学案例，以下为具体内容。

学生创设的情境：困扰清远市市民多年的新北江制药厂臭气污染问题有望得到解决。位于清远市中心人民一路的新北江制药厂、蓝宝制药厂新址已定于广清产业转移园石角园区。新厂已于 2015 年 4 月动工建设，建成后，两药厂将全部搬迁至新厂区。于 1990 年建成投产的新北江制药厂是全球最主要的他汀类原料药生产基地，是广东省最大的发酵原料药生产企业。近年来，由于清远市中心城区的面积不断扩大，原本属于郊区的人民一路被规划为未来的城市商业与居住中心。新北江制药厂和蓝宝制药厂的工业排放虽经过多次整治后符合国家标准，不过由于厂区周边居民越来越多，药厂排出的废水和释放的臭气仍对群众的日常生活造成了不良影响，群众要求药厂搬迁的呼声不断。

（1）两家制药厂拟搬迁的新址与原址相比有何区位优势？

（2）从人地思想演变的角度分析为什么两家制药厂对周边居民生活造成较大影响，但多年后才有搬迁计划？

（3）两家制药厂的搬迁给城市规划和招商引资带来了什么

样的启示?

药厂原址就在离清远市第一中学直线距离不到一千米的地方，全校师生也不时遭受臭气污染的影响。学生们通过药厂新旧址的区位比较，有助于从区域的角度分析和认识地理环境及其与人类活动的关系，培养区域认知素养。设置的问题2、问题3利于学生思考区域发展与人地关系，有助于形成人地协调观。

四、情境教学应注意的问题

1. 文字提炼是情境创设的前提

教师们平时都可以接收到很多与地理知识相关的信息，也有将其引入课堂的想法，但苦于没有现成的案例，面对零散的、碎片化的资料，如何组织成适合学生用的情境案例是情境教学的前提条件。一方面，要求教师有地理问题的意识，平时注意搜集材料，比如微信中有很多地理公众号和网站（"地理学社"、星韵地理网、"广州中学地理组"等）有很多好的文章推送，遇到有用的文章可以收藏起来（推荐用印象笔记收藏）。对搜集到的文字资料进行整理，需注意语言表达要简练、科学、严谨、有趣。对于提供的情境一般是以导学案的形式展示给学生，所以在字数方面不宜过多，应控制在400字内为宜，以减轻学生的阅读压力。

2. 问题设计是情境教学的关键

首先问题设计是情境教学的关键，学生依托情境背景中设计的问题展开探究，设计问题的质量影响课堂的效率和效果。问题的设计首先要彰显地理学科特点，用学科思维和语言表述。其次是问题的有效性，要求教师研究课标，确定每节课的教学目标，设计与课标要求相符的问题以确保问题的有效性。再次是多角度、多层次、连续设计问题链，问题设计要符合学生的思维层次，让学生在问题链中层层推进，有一定的思考深度，以达到训练学生能力的目的。

3. 案例探究是情境教学的核心

课堂上学生利用情境素材，运用教材基础知识、基本原理解决围绕情境设计的问题，在问题解决过程中提升地理核心素养。这是对学生能力要求比较高的课堂活动。学生原有知识储备会影响情境探究的效率，因此需要学生在课前预习时将本节课的基础知识先搞清楚，课堂主要是进行情境探究，这样才能在有限的课堂时间内保证情境探究有效开展。课堂上对情境案例的探究应该贯穿整节课，而不是在导入新课环节之后就把情境案例放在一边。提供给学生的情境案例在文字表述、问题设计等方面都需经过精心设计，学生应该在教师的组织下，始终围绕案例材料，通过阅读、信息提取、合作探究、归纳总结达成本节课的学习目标。

总之，在地理核心素养背景下，应转变以知识点体系讲授为主的教学模式，将课堂教学主动权交还给学生；积极使用多种资源，创设情境案例，改变单一枯燥的教材内容，创设真实的、生活的、开放的情境，让地理课堂充满生命力。这样学生能够真正参与课堂，课堂气氛活跃，师生互动效果好，课堂效率高。学生在地理情境探究中，不仅学习了地理知识，还促进了学科核心素养的培养。

巧用素材，让地理课堂"鲜活"起来

梁仁道

　　地理课程教材取材于真实的现实生活，即地理从生活中来。所以在地理课堂上，教师要多联系生活，用心去挖掘地理课中学生感兴趣的话题，如饮食、古诗、战争、电影、情书、旅游等。在地理课堂教学中，如果能巧用这些典型的事例，不仅可以拓宽学生的视野和丰富课堂的内容，而且还可以激发学生的学习兴趣，提高课堂的效率，从而让地理课堂"动"起来，"鲜活"起来。

一、地理与饮食

　　俗话说"民以食为天"。曾引起万人空巷的《舌尖上的中国》，在展现食物的美味之余也讲述了与之相关的地域故事：厨师对美味精益求精的追求，地方特色美食背后的人情故事。一场家宴中的亲情与乡愁，也许比食物本身更能打动人心！看《舌尖上的中国》，不仅赏尽国内美食，还能品味百味人生，何乐而不为呢？俗话说得好，"一方水土养一方人""靠山吃山，靠水吃水"。中国拥有世界上最丰富多元的自然景观，高原、盆地、山林、湖泊等，地形和气候的多样，有助于物种的形成和保存。其他任何一个国家都没有这样多潜在的食物原材料，人们采集、捡拾、挖掘、捕捞，为的就是得到这份自然的馈赠。穿越四季，我们看到的是美味背后人和自然的故事。

人教版高中地理（必修三）第一章第一节"地理环境对区域发展的影响"中讲到，地理环境差异对区域发展的影响是深刻的，我国南北、东西差异都很大，所以才有了"八仙过海，各显神通"的"八大菜系"，有"南甜北咸，东辣西酸"之说，有"贵州人不怕辣，湖南人辣不怕，四川人怕不辣"之说，等等。在这节课中，教师要跟学生详细讲解中国的饮食文化差异，通过播放《舌尖上的中国》，不仅撩起学生的味蕾，还可以使课堂气氛活跃起来。

二、地理与古诗

古诗是我国文学史上一颗光辉灿烂的明珠，千百年来一直为人们传诵不衰。古诗来源于生活，因此古诗中包含着许多生活中常见的地理知识和地理现象。在古诗中不仅能学到很多的文学知识，还可以学到不少的地理知识。

2017 年，随着《中国诗词大会》《见字如面》《朗读者》的相继播出，很多人从中嗅到了传统汉语言文化的复苏与回归。有人说："中国人的诗心一直都在，但需要被激活。"

"早穿皮袄午穿纱，围着火炉吃西瓜"是我国西北地区温带大陆性气候条件早晚温差大的切实写照；白居易《大林寺桃花》中的"人间四月芳菲尽，山寺桃花始盛开"写出了平原与山地气候的差异，是山地垂直分异规律的最好印证；"天苍苍，野茫茫，风吹草低见牛羊"描绘了我国内蒙古草原水草肥美，牛羊成群的景色；马致远的"枯藤老树昏鸦，小桥流水人家，古道西风瘦马"中枯藤和老树、小桥和流水分别是对西部干燥景观和江南湿润地区的对比写照。

三、地理与战争

人教版高中地理（必修一）第三章第二节"大规模的海水运动"中涉及洋流的知识，其中有一个知识点是洋流的分类，洋流按形成原因可以分为风海流、密度流、补偿流。二战前，在海洋学研究方面德国居于世界领先地位，其物理海洋学更是遥遥领先于其他各国。二战时，德国曾借用密度流给英国以沉重打击。当时，德国的潜水艇在关闭发动机的情况下，依靠直布罗陀海峡的密度流，很顺利地通过由英军把守的直布罗陀海峡。由于德军关闭了潜水艇发动机，没有声波等的传递，巧妙地躲避了英军的监视与袭击，在密度流的帮助下，绕到英军的背后突然发动袭击，给予英军很沉重的打击。这一个事例在战争史上成为成功运用密度流的一个典范。通过这样一个小故事，让学生明白地理与战争也存在联系！这样的事例不胜枚举，很多事物之间都存在联系，我们要多用心去发现它们之间的奥妙。

四、地理与电影

电影题材有些是虚构的，有些是把现实中发生的故事改编的。总之，电影呈现给观众的就是某一个事实、社会现象，或即将可能发生的故事等，通过电影人们也明白了一些道理，如活在当下、珍惜现在、憧憬未来。电影不仅让我们心情愉悦，还让我们学会如何更好地面对未来的生活。

2015 年 11 月 25 日，美国科幻电影《火星救援》在国内上映。影片主要讲述了宇航员团队在火星勘探时遇到一场沙尘暴，主人公马克·沃特尼与其他队员失去联系，大家以为他已经死亡，因而离开了火星，导致马克不得不独自在火星上艰难生存并想方设法回到地球。与《星际穿越》相似，作为时下正热的太空科幻题材，该影片受到了影迷的大力追捧。作为一名地理教师，笔者认为这类电影的相关素材可与地理教学有效融合。以人教版高中地理（必修一）第一章第一节"宇宙中的地球"为例，在浩瀚的宇宙中，电影中为什么要选火星作为勘探的对象？探测飞船在太空飞行过程中可能会遇到什么困难？从答案中引出我国航空航天技术的发展，载人航天登月计划的实施，这是我们国家实现国家富强、民族复兴伟大中国梦的重要一步，由此激发学生学习地理的热情。

五、地理与"情书"

我们可以通过"写情书"的方式把高中地理课程中"死"的知识变成"活"的知识，这样既激起了学生学习地理的兴趣，又便于记忆，可谓一举两得。

人教版高中地理（必修一）第五章第二节"自然地理环境的差异性"中讲述了四种自然带分异规律：由赤道到南北两极的地域分异规律（纬度地带性）、从沿海向内陆的地域分异规律（经度地带性）、山地的垂直分异规律、非地带性分异规律。我们可以尝试这样记忆："我想念你，你的出现出乎我的意料。既不是经度地带性，也不是纬度地带性，而是非地带性，就像马达加斯加岛上的热带雨林、东非高原上的热带草原、天山脚下的绿洲、塔里木河边上的胡杨林。"在《中国区域地理》中第 20 讲"中国的交通"讲到中国的铁路线"五纵四横"时，其中有一条是京广线，一条是陇海线。我们可以这样记忆："你是京广线，我是陇海线，虽然此生我们只在郑州见过一面，但是永远无法忘记你那迷人的笑脸！"总之，通过这样的方法可以激起学生学习地理的兴趣，使学生主动地参与到课堂中来。但作为教师，一定要注意把握好这个尺度，引导学生养成积极、健康、向上的人生观和世界观，把那些对学生学习有干扰的影响降到最低。

六、地理与旅游

有一句广告语是这样说的："人生就像一场旅行，不必在乎目的地，在乎的是沿途的风景以及看风景的心情。"现如今，随着经济的快速发展，人们的生活水平不断提高，人们的生活观念也随之发生了变化，旅游成为人们普遍追求的生活方式之一。随着小型汽车走进千家万户，人们的出行范围不断扩大，自驾游越来越受人们青睐！读万卷书，行万里路！旅游，让我们欣赏沿途风景，领略风土人情，开阔视野，放松心情！旅游是一种空间活动，需要丰富的地理知识。《中国区域地理》第22讲"青藏地区"讲到青藏高原的区域特征——高寒、缺氧。青藏高原海拔高，气温低；地势高，空气稀薄，氧气含量少。教师可以据此提出问题：自驾游去西藏需要带哪些东西？（防晒霜、墨镜、羽绒服、氧气袋、高压锅）让学生设计一个由四川进入西藏自驾游的旅游攻略，比如线路的选择、需要注意的事项等。通过这样的教学方式，让学生学到终身受用的知识，培养自主学习能力。这样的教学过程非常符合清远市第一中学的办学理念：让每一位师生都得到发展，感受幸福，走向成功！

七、地理与购房

家是温暖的港湾，可以为我们遮风挡雨。从一定意义上来讲，房子就是家的缩影。对于家庭观念很重的中国人来说，有自己的房子才算有一个安身立命之所，有一个心灵的栖息之地。房子对于中国人来说有着特殊的意义，这和中国人传统的家庭观念是密不可分的。

人教版高中地理（必修一）第一章第三节"地球的运动"中，

教师可以跟学生探讨如何从地理的角度去选房。比如，2017年6月，小刚的父母在"幸福家园"购买了一套位于一层的住房。2018年1月入住后，小刚发现自己的房间阳光全被前排楼房挡住了。小刚感到很困惑，看房那天小院内阳光充足，怎么才过几个月，阳光就被挡住了呢？

通过这样一个现实中的案例让学生知道生活与地理息息相关，让学生知道学好地理原来真的很有用。当然了，我们要告诉学生，最好是冬季去看房，除了看采光条件之外，还要特别关注通风条件以及小区周边的配套，如学校、商场、医院、交通、农贸市场、休闲活动场所，等等。总之，有了这些地理知识的储备，今后去购房的时候才能做到胸有成竹，才可能做到只买对的，不买贵的。

生活是丰富多彩的，地理素材也是多姿多彩的，我们要善于发现生活中的地理，把多彩的生活带到地理课堂中去，让地理课堂也能像生活一样有滋有味，让学生在快乐的氛围中享受学习，畅谈人生！

基于核心素养下的地理教学

梁仁道

《国家教育事业发展"十三五"规划》提出：坚持立德树人。把立德树人作为教育的根本任务，必须坚持德育为先，德是做人的根本，是一个人成长的根基，要成才先成人。教师要深入探讨"培养什么人、怎样培养人、为谁培养人"这些核心问题。在这样的背景下，新高考改革就是围绕如何提升学生学科核心素养来开展的。学科核心素养是学科育人价值的集中体现，是学生通过学科学习而逐步形成的正确价值观念、必备品格和关键能力。地理学科核心素养包括人地协调观、综合思维、区域认知和地理实践力，它们是相互联系的有机整体。在平时的地理教学中，教师始终要围绕核心素养去开展教学工作，为国家培养德智体美全面发展的社会主义建设者和接班人。

一、让"事件"感触学生，树立人地协调发展意识

人类与自然的和谐关系非常重要。人类生态意识的缺乏是现代生态危机的深层次根源。肆意捕杀、滥食野生动物，打破了人与自然和谐共生的状态。生态环境的破坏让人类清醒地认识到保护野生动物的重要性，认识到保护环境的紧迫性，认识到保护地球的艰巨性。

地球是目前所知道的唯一存在生命的星球。（地球有且只有一个，保护地球人人有责）

全球气候变暖。（节能减排、低碳出行）

水资源的合理利用。（节约用水）

环境问题：资源短缺、生态破坏、环境污染。（水资源短缺、能源短缺、水土流失、全球变暖、臭氧层破坏、生物多样性减少、大气污染、水污染、固体废弃物污染）

面对不断出现的人口、资源、环境和发展问题，人们越来越深刻地认识到，人类社会要更好地发展，必须尊重自然规律，协调好人类活动与地理环境的关系。人地协调观有助于人们更好地分析、认识和解决人地关系问题，帮助我们成为和谐世界的建设者。

二、用"知识"感应学生，拓宽学生学科综合思维

人们常说，地理是文科中的理科，这话还是有点道理的。首先地理属于文科，答题需要较强的语言文字功底，地理与语文学科有着密切的联系，如诗词中蕴含着很多地理知识。

坐地日行八万里，巡天遥看一千河。（地球的自转）

清明时节雨纷纷，路上行人欲断魂。（锋与天气）

北风卷地白草折，胡天八月即飞雪。忽如一夜春风来，千树万树梨花开。（锋与天气）

黄河之水天上来，奔流到海不复回。（水循环）

横看成岭侧成峰，远近高低各不同。（山地的形成）

落红不是无情物，化作春泥更护花。（地理环境的整体性）

人间四月芳菲尽，山寺桃花始盛开。（山地垂直分异规律）

羌笛何须怨杨柳，春风不度玉门关。（气候的形成）

一骑红尘妃子笑，无人知是荔枝来。（农业的区位选择）

通过在课堂上运用这些古典的诗词，使教师的课堂教学更加得心应手。对学生进行优秀传统文化教育的同时，也激发了学生的学习兴趣，而且更重要的是，学生在欣赏这些诗词歌赋的同时，又掌握了地理科学的知识。

其次地理也包含了许多理科的知识。地理与物理有着千丝万缕的关系，有剪不断理还乱的感觉。不信，我们一起看看。

（1）圆周运动、角速度、线速度。（地球的运动）

（2）参考系。（太阳日出日落方位问题）

（3）热胀冷缩。（热力环流的形成原理）

（4）比热容。（海陆风、山谷风、城市风的形成原理）

（5）力的合成与分解。（近地面的风向与高空的风向）

（6）光学。（大气的受热过程、大气的散射作用）

（7）热力学。（影响蒸发强弱的因素）

因此，我们想要学好地理，就必须要有综合的学科思维，地理事物不是孤立存在的，它与周边的地理环境是密切联系的，它们组成一个复杂的有机整体。在日常的地理教学中，教师要重视交叉学科的知识，帮助学生找出规律，做到融会贯通。

三、用"文化"感染学生，提高地理区域认知水平

地域文化是指在特定的地域范围内，形成的在物质方面（如饮食、建筑、服饰等）和非物质方面（如价值观、制度、习俗、语言、艺术等）的文化特征。

新时代中小学教师职业行为十项准则之一是传播优秀文化。中国拥有悠久的历史，文化源远流长，作为人民教师，继承弘扬优秀传统文化是我们的责任与使命。

1. 饮食文化

俗话说，"民以食为天""一方水土养一方人""靠山吃山，靠水吃水"。人教版高中地理（必修三）第一章第一节"地理环境对区域发展的影响"中讲到，地理环境差异对区域发展的影响是深刻的，我国南北、东西差异都很大，所以才有了"八仙过海，各显神通"的"八大菜系"，有"南甜北咸，东辣西酸"之说，有"贵州人不怕辣，湖南人辣不怕，四川人怕不辣"之说，等等。在这一节课中，教师要跟学生详细讲解中国的饮食文化差异，通过播放美食纪录片《舌尖上的中国》《风味人间》《川味》《老广的味道》，让学生领略不同地方的饮食文化，从而明白饮食与地理环境的关系。

2. 建筑文化

李老师是一名旅游爱好者，让我们一起跟着她探访各地的建筑及其背后蕴含的文化吧！

客家围屋——南方传统土楼以圆形和方形最为常见，适宜聚族而居的生活和共御外敌的要求，体现了御外凝内的集体精神。

骑楼——李老师现在走在海口的骑楼老街，这里的建筑都留出了一段外廊式的建筑，这样的建筑形制是如何形成的呢？作为土生土长的海口人，让李老师来解答这个问题吧。现代意义上的骑楼是英国殖民者在印度建造的，后来传到东南亚。从东南亚一带返乡的华人，在当地建设了类似的骑楼建筑。在南方湿热环境下，这种建筑可以挡避风雨侵袭和阳光直射。

江南水乡——以苏州为代表的江南水城，其历史街区仍然保留着"河街相邻、水陆并行"的双棋盘格局，这种交通文化显然是与当地自然环境密不可分的。

四合院——北京老城的四合院以北房为尊，两厢次之，倒座为宾，杂屋为附，体现了长幼有序的家庭文化，从建筑上反映出鲜明的礼制。

旅行结束了，可以看出，各地区的景观背后都蕴含了各自的地域文化，文化的产生又往往与自然环境息息相关，可谓"一方水土养育一方人，一方人浸润一方文化"。

区域认知有助于学生从区域的角度，分析和认识地理环境以及它与人类活动的关系，可以激发学生的家国情怀，增强民族自豪感。

四、"实践"感悟学生，培养学生的地理实践力

古人说过，"纸上得来终觉浅，绝知此事要躬行"。为了提高学生的实践能力，要为学生搭建一个平台，让学生把学到的知识用到生活中去，达到学以致用的目的。结合清远市第一中学的实际，学校与清远市气象局签订了一个合作项目，把气象局作为学校的自然科学实践基地。高中地理必修一第二章第三节"常见的天气系统"和必修三"地理信息技术在区域研究中的应用"中涉及很多与天气预报有关的知识，因为学校离气象局很近，因此学习完这些内容，就可以组织学生到气象局进行实地参观考察，让专业的技术人员为学生讲解天气预报的整个流程。通过这样的形式，使理论与实践相结合，学生肯定会收获满满。笔者所在的地理科组还有以下这样的设想：带学生出学校勘察清远市的"马尔代夫"——伦洲岛（河流地貌的形成）、清远市高铁站（交通运输方式）、飞来峡水利枢纽（建设大坝的利与弊）等。通过形式多样的活动，让学生增长见识，做到知行合一，让学生更好地在真实情境中观察和感悟地理环境及其与人类活动的关系，增强社会责任感。

总之，为了培养全面发展的高素质人才，在平时的教学中，

我们要时刻把地理学科的四大核心素养牢记心中，见缝插针地引导学生，使其逐步形成学科核心素养。我们要以"咬定青山不放松"的韧劲、"不破楼兰终不还"的拼劲、"一往无前虎山行"的冲劲，认认真真落实好教学的每一个环节，不断地给学生灌输地理学科的核心素养。我们坚信"千淘万漉虽辛苦，吹尽狂沙始到金"！相信我们的课堂会更精彩，我们的成绩会更优秀，我们的学生会更具备核心素养竞争力！

谈谈地理教学中的爱国主义渗透

梁仁道

正如《国家》这首歌中唱到的一样："一玉口中国，一瓦顶成家。都说国很大，其实一个家。一心装满国，一手撑起家。家是最小国，国是千万家。在世界的国，在天地的家。有了强的国，才有富的家。"歌词写得非常好，说得非常在理。我们每一个中国人都应爱国，都要牢固树立强烈的爱国主义意识！

我们正身处一个急剧变革的年代，互联网、大数据、人工智能……正深刻地改变世界，但却不能改变我们对祖国的热爱！爱国主义是人们对祖国的高度热爱与忠诚，这是一个国家赖以生存和发展的巨大凝聚力与推动力。地理学科教学中关于爱国主义教育的素材丰富多彩，下面就让我们一起去体验一下。

一、"图文并茂"唤醒爱国的体验

图文并茂，是指图片和文字都很丰富多彩，互相陪衬，相得益彰。它是地理教学中最常见的一种方法，教师在课堂教学中利用高清的地理图片，并结合所学的内容配上一些简练的地理专业术语，让学生通过对图片的欣赏、品味、评价，陶冶学生性情，培养学生审美情趣的教学方法。学生通过对祖国大好河山的欣赏和认识，会对祖国产生强烈的自豪感。正如毛主席说过的一样：江山如此多娇，引无数英雄竞折腰。

在教学"中国区域地理"的时候，教师可能会遇到这样的问题：中国由于横跨的经纬度很广，地域面积很大，南北温差大，各地的风俗也不尽相同，如饮食、服饰、住房、交通等，所以学生刚刚开始接触的时候会觉得无所适从。因此就要求教师多思考，力争把枯燥无味的知识讲得通俗易懂。如教学"中国行政区划分"的时候，可以把各省份地图形状形象记忆，例如：黑龙江省像只天鹅，内蒙古自治区像展翅飞翔的老鹰，山西省、江西省像平行四边形，海南省像菠萝，广东省像象头，广西壮族自治区像树叶，青海省像兔子，西藏自治区像登山鞋。

教师可以通过一张小小的地图，带领学生游遍中国，从南到北，从东到西；还可以从以下的诗词中感受中国的大好河山："敕勒川，阴山下。天似穹庐，笼盖四野。天苍苍，野茫茫。风吹草低见牛羊。""枯藤老树昏鸦，小桥流水人家。""才饮长沙水，又食武昌鱼。""会当凌绝顶，一览众山小。""大漠沙如雪，燕山月似钩。"正如《大中国》这首歌唱到的一样："我们都有一个家，名字叫中国，兄弟姐妹都很多，景色也不错，家里盘着两条龙，是长江与黄河呀，还有珠穆朗玛峰儿，是最高山坡。我们都有一个家，名字叫中国，兄弟姐妹都很多，景色也不错，看那一条长城万里，在云中穿梭呀，看那青藏高原，比那天空还辽阔。我们的大中国呀，好大的一个家，经过那个多少，那个风吹和雨打，我们的大中国呀，好大的一个家，永远那个永远，那个我要伴随她！中国，祝福你！你永远在我心里！中国，祝福你！不用千言和万语！"教师就是要抓住时机在课堂中见缝插针地强化学生爱国的情怀！

二、"视觉盛宴"激起爱国的浪潮

视频教学是现代教学中一种常见的手段，是以视、听结合的有艺术韵味的教学内容激发学生学习的兴趣，提高课堂效率的教学方法。随着多媒体技术的广泛使用，课堂教学中插播视频已是家常便饭，这种方法使学生有着极强的感观认识，比教师讲授的效果要好很多。地理教学中的视频大多都来自中央电视台的纪录频道——CCTV-9，从古到今，从宇宙到地球，从世界到中国，它总是能让你流连忘返，回味无穷！

《航拍中国》的片头解说词这样写道：你见过什么样的中国？是960万平方公里的辽阔，还是300万平方公里的澎湃，是四季轮转的天地，还是冰与火演奏的乐章。像鸟儿一样，离开地面，冲上云霄，结果超乎你的想象，前往平时无法到达的地方，看见专属于高空的奇观。俯瞰这片朝夕相处的大地，再熟悉的景象也变了一副模样。从身边的世界到远方的家园，从自然、地理到人文、历史，50分钟的空中旅程，前所未有的极致体验。从现在开始，和我们一起，天际遨游。《航拍中国》共四季34集，每一集讲述不同的省份或特别行政区。教师在讲到"中国区域地理"这一节内容时，中国有23个省、5个自治区、4个直辖市、2个特别行政区，通过播放《航拍中国》这个节目，让学生们一一了解每一个省（自治区、直辖市）或特别行政区的自然风光和风土人情，让学生们感受中国东西南北差异的同时，也感叹中国的地大物博，幅员辽阔，使学生们产生强烈的自豪感，播下爱国的种子！

三、"热点时事"点燃爱国的激情

2020年，"嫦娥五号"成功把月壤带回中国；"奋斗者号"潜水器成功坐底地球最深处——马里亚纳海沟（10 909米）；中国国家登山队再次登顶珠穆朗玛峰，并测出它的新高度（8 848.86米）。

2020年，中国各个领域的科技工作者持之以恒，不懈探索，突破了"中国高度"，刷新了"中国深度"，提升了"中国速度"，打开了"中国维度"。

2020珠峰高程测量采用GNSS（Global Navigation Satellite System，全球导航卫星系统）接收机、重力仪、冰雪探测雷达仪、峰顶觇标、长测程全站仪等国产仪器，全面担纲珠峰峰顶会战，体现了"中国智造"的时代意义。

2020年12月31日，习近平主席在2021年新年贺词中指出，2020年是极不平凡的一年。面对突如其来的新冠肺炎疫情，我们以人民至上、生命至上诠释了人间大爱，用众志成城、坚韧不拔书写了抗疫史诗。

我骄傲，我是中国人！有位学者曾经说过，请记住：你所站立的地方，就是你的中国；你怎样，中国便怎样；你是什么，中国便是什么；你有光明，中国便不会黑暗。

总之，我们要把立德树人作为教育的根本任务，必须坚持德育为先，德是做人的根本，是一个人成长的根基，要成才先成人。我们要始终围绕"培养什么人、怎样培养人、为谁培养人"这一根本性问题，在平时的教学中加强学生的爱国主义教育，为国家培养社会主义建设者和接班人！

在地理核心素养下提高地理课堂效率
的几点建议

曾丽梅

在教学实践中，课堂效率低一直是课堂教学中的一大难题。课堂效率直接影响学生对该学科的学习兴趣和对授课教师的认可度。在面对新课程标准和新高考的挑战下，在教学实践中积极尝试探索构建高效课堂的途径才是必胜的法宝。清远市第三中学是粤北地区以艺术特长为特色的高中，笔者担任过美术班、体育班、重点班、普通班等各种类型班级教师，循环教学积累了一定的教学经验。下面根据笔者的教学经验，结合清远市第三中学学生的实际情况，从教师与学生两方面三个阶段谈谈如何构建高效的地理课堂。

一、课前

（一）教师的充分准备

"凡事预则立，不预则废"。教师在备课时，认真钻研新课程标准，吃透新教材，且深入了解学生的实际情况，做到既备教学内容，又备教学方法，还要备学生的学法。学生每天的课业都很繁重，白天8节课，晚上3节晚修，加之每一门学科都会有课后作业，所以学生在每一门学科上大概会花 40 分钟上课，30 分钟做课后作业。因此，教师在课前备好课是提高课堂效率的重要环节。课前备课可以从以下几个点入手：①融合多媒体技术制作精美的课件。如利用希沃白板 5，增加学生上讲台操作的机会，给学生更多展示自我的机会。②收集教学视频。结合当下社会热点，选取贴近生活的视频素材，启发学生的思维，激发学生的学习兴趣。如在人教版高中地理必修二第一章第三节"人口容量"中，选取"复活节岛的悲剧"视频片段，加强学生对人口增长与资源之间关系的认识，引起学生对人地关系协调发展的思考。③创设案例情境教学。根据真实情境设立几道有梯度性的问题，由浅入深地引导学生学习新知识，并运用新知识解决实际问题。情境教学能够有效地加强学生运用知识解决问题的能力，而且对所学知识的理解更为深刻。④精选课堂练习。最好能够充分利用学生手上拥有的学习资料，在课本和配套的练习册中精选练习题，一方面可以引起学生对练习册习题的重视，另一方面可以减轻学生的课后作业负担。

（二）学生的自主预习

学生作为课堂主体，在课前应做到自主预习。首先，学生应端正态度，认识到预习的重要性。有些学生认为教师会在课堂上对学习内容进行详细讲解，预习是多此一举，也有些学生只是按教师的要求被动地预习，没有养成主动预习的习惯，从而影响了课堂学习效率。其次，学生在预习过程中应积极思考，大胆设疑。在预习过程中，对于知识难点进行全面扫描，带着亟待解决问题的心理定式听课，可以提高课堂学习效率。提高学生自主预习效果，可以利用配套练习册里的课前自主学习内容，或者导学案也不失为一个良好途径。

最后，对地理科代表进行培训，发挥科代表的积极作用，在课前布置好预习任务，抽查部分同学的练习册完成度并做好记录。

二、课中

（一）教师的引导作用

1. 精彩的导入

良好的开端是成功的一半。一个精彩的课堂导入不仅能激发学生的求知欲，而且能为师生营造一个宽松、和谐的学习氛围，甚至还可以使学生对地理产生浓厚而持久的兴趣，达到事半功倍的效果。地理是一门与生活息息相关的学科，生活处处是地理。在课堂导入时，添加与所讲知识点相关的生活实例或者视频，可以激发学生学习地理的兴趣，从而提高地理课堂效率。

2. 创新课堂教学模式

一个活跃的课堂氛围能激发学生学习的积极性，让他们主动地跟随教师遨游知识的海洋。因此在课堂教学中，教师应尽可能运用灵活多变的教学方法营造活跃的课堂氛围，从而达到课堂教学的最佳效果。笔者在讲授"崇明岛的未来是什么样子"一课中尝试运用实验法进行创新课堂教学模式的探索。本节内容是教材的重要组成部分，是"地表形态的塑造"的延伸，又是培养学生地理核心素养的重要内容。通过分析近几年的高考地理题可知，对于该知识点的考查集中在流水作用部分，而且题目的设计对学生的逻辑推理能力要求较高。具体的备课思路、教学过程和教学反思如下。

（1）备课思路：首先，导入非洲奥卡万戈三角洲视频，激发学生的学习兴趣。其次，本节课为实验课，通过实验法让学生体验三角洲的形成过程，并设置一系列有梯度的实验任务，在解决实验任务的过程中，完成教学任务，实现教学目标。

（2）教学过程：首先让学生明确问题研究的过程，对学生接下来的实验操作以及实验任务的完成有指导意义。然后通过小组实验探究，模拟三角洲的形成过程，并完成实验任务。在各小组的学生代表发言时，教师帮助学生落实知识点的归纳总结。

（3）教学反思：笔者认为本节课的优点是：①通过小组实验探究的形式，让学生模拟三角洲的形成过程，加深对地理原理的理解，培养学生的地理实践力。②通过实验探究，完成实验任务，将知识点落实到影响三角洲形成的因素。③通过练习巩固，从题目中归纳考点和考向。不仅仅停留在知识点框架的掌握，而是落实到在真实的题目情景中去实践，对高考考点把握准确。④在学生的实验过程中，对其实验过程进行录像，通过多媒体设备，进行实验的及时反馈，指出学生操作过程中的优点与不足，反馈效果好！不足之处是：①由于实验道具本身存在先天的缺陷，不能百分之百地模拟真实三角洲的形成过程。②实验步骤的操作指示不够明确，导致个别小组的实验效果不尽如人意。③如果在学生进行实验前，先给学生观看教师课前录制的实验视频，提示学生在实验过程中的注意事项，可增加实验的成功率，得到比较好的实验效果。

3. 有效的小结和针对性练习

用 3~5 分钟对授课内容进行简短、概括性或延伸性的概述总结，这是课堂教学的升华所在，起到画龙点睛的作用。一个好的课堂小结不仅能帮助学生总结重点、厘清脉络，而且能激发学生课后独立思考。

小结后设置有针对性的练习，可以对所学知识进行及时巩固，也是检验课堂效率最直接有效的方法。

（二）学生的主体作用

教学过程不仅是教师教的过程，更重要的是学生学的过程。高效课堂不在于教师教了多少，而在于学生学会了多少，学生才是课堂的主体。因此，高效课堂应激发学生学习的兴趣和主观能动性，促使学生积极参与到教学中。以下是笔者在日常课堂中常用的激发学生能动性的方法。

1. 鼓励学生发言

课堂发言对学生的学习效率有着不可低估的作用，它不仅能提高学生的思维能力、表达能力，更能反映一个学生的求知欲望。学生的发言是学生群体思维方式的反映，也是教师与学生最好的沟通桥梁。因此，教师要积极地引导学生大胆发言。

2. 鼓励学生提问

学生的主体作用并不是一味地吸收知识，更应该学会在学习过程中善于发现问题、提出问题、解决问题。通过提问，学生不仅可以获得有益的思维训练，而且能够保持学生的注意力。只有学生身心都参与了课堂，课堂才真正地达到高效。

3. 鼓励学生合作

合作学习一方面能够激发同学互帮互助的意识，另一方面也能增强竞争的意识。这不仅培养了学生的团队精神，而且为一部分不敢在课上发言的学生提供了机会，使其更积极地参与到课堂活动中去。

4. 鼓励学生通过书写表达出自己的观点

鼓励加强学生书写表达能力的训练。根据学生反映：地理知识"一学就会，一写就废"，在做练习或者考试时，脑子想到的知识要点写不出来。因此在课堂上鼓励学生通过书写表达自己的观点非常重要。教师可以通过在手机安装"授课助手"软件，拍照上传学生的答案到多媒体媒介中，在课堂上进行及时的点评。

三、课后

（一）教师的反思习惯

美国心理学家波斯纳提出教师成长的公式：成长＝经验＋反思。课后反思不仅有助于教师教学水平的提高，对教学效果的提高也有着举足轻重的作用。建设高效课堂，教师课后反思应做到四点：一思教学不足，二思成功经验，三思学生困惑，四思改进课堂教学的措施。不断地进行教学反思，积累宝贵的教学经验，这是在任何教学参考资料中都找不到的财富，同时也能有效提高课堂效率。

（二）学生的复习习惯

复习是巩固和消化学习内容的重要环节，是检验学生思维能力、知识运用能力的重要途径。良好的复习习惯应该做到以下几步：第一步画思维导图，复习课堂内容并整理笔记，这是消化学习内容的重要环节；第二步是解决课中犹存的疑难问题，这是进行深入思考的必备环节；第三步是适当地进行课后练习，这是检查所学知识运用能力的必要环节。

（三）课后严抓落实

教师在课后批改学生作业时，能做到精批细改，及时搜集学生的反馈信息，找出教学的纰漏；及时对学生学习情况进行查漏补缺，全面提高教学质量；及时记录学生作业完成度情况；及时表扬完成度高的同学，并将名单提交班主任进行综合评定加分。学生明确教师对课后作业的重视程度，自然就会重视课后作业的完成质量。另外，课后也要注重培优辅差工作。培养优生，平衡其薄弱学科；转化待进生，加强学法指导，以及学生对学科信心的建立。

　　总之，提高课堂效率要求教师必须注重课堂的三个阶段，立足于学生和教师两个主体，让教与学有机统一，从而实现以最小的投入获得最大学习效益的最终目标。

教学篇

高中地理教学中思维导图的应用分析

熊赞宾

一、引言

思维导图是有效的思维模具，是应用于记忆、学习、思考等的思维地图。思维导图运用图文并重的技巧，把各级主题的关系用相互隶属与相关的层级图表现出来，把主题关键词与图像、颜色等建立记忆链接。思维导图充分运用左右脑的机能，利用记忆、阅读、思维的规律，协助人们在科学与艺术、逻辑与想象之间平衡发展，帮助人们理解、记忆。

思维导图是一种将思维形象化的方法。我们知道，放射性思考是人类大脑的自然思考方式，每一种进入大脑的资料，不论是感觉、记忆或是想法 —— 包括文字、数字、符码、香气、食物、线条、颜色、意象、节奏、音符等，都可以成为一个思考中心，并以此为中心向外发散出成千上万的关节点，每一个关节点代表与中心主题的一个联结，而每一个联结又可以成为另一个中心主题，再向外发散出成千上万的关节点，呈现出放射性立体结构，而这些关节的联结可以视为人的记忆，就如同大脑中的神经元一样互相连接，也就是人的个人数据库。

思维导图又称脑图、心智地图、脑力激荡图、灵感触发图、概念地图、树状图、树枝图或思维地图，是一种图像式思维的工具以及一种利用图像式思考的辅助工具。思维导图是使用一个中央关键词或想法引起形象化的构造和分类的想法；它用一个中央关键词或想法以辐射线形连接所有的代表字词、想法、任务或其他关联项目的图解方式。

高中地理的教学内容知识点繁多、结构复杂，涉及的范围广泛，高中学生若是单凭死记硬背很难真正理解并掌握这门学科的知识。因此，教师在进行地理教学时便要合理应用有效的教学方式，以便帮助学生记忆、理解、运用地理知识点。思维导图作为一种通过图形、颜色、数字、线条等将地理知识点形象地展示在学生面前的教学方式，它对于高中学生学习地理知识有着事半功倍的效果。在新课标背景下，研究思维导图在高中地理教学中培养学生地理学科核心素养的意义便显得尤为重要。

二、在高中地理教学中应用思维导图的意义

（一）有助于培养学生的人地协调观

高中教师在地理教学时，应当从多个方面、不同角度去观察、思考思维导图的作用，如此才能保证其帮助学生进行学习，帮助学生形成自主学习能力。比如，在"自然环境对人类活动的影响"这一章节的教学中，学生在课前预习后便对此章节有一定的认识，教师在教学时便可以利用思维导图这一教学工具来让学生找出章节关键词，并以此关键词为中心整理出相关学习内容：面对不断出现的人口、资源、环境和发展问题，人们越来越深刻地认识到，人类社会要更好地发展，必须尊重自然规律，协调好人类活动与地理环境的关系。人地协调观有助于人们更好地认识、分析和解决人地关系问题，让人类成为和谐世界的建设者。

（二）有助于培养学生的综合思维

在课程改革下的高中地理课堂，学生是教学的主体，教师大多数时候是扮演引导者的角色。思维导图作为教学工具，要想将其应用到高中地理课堂也应当要在满足学生实际需求的基础之上。将思维导图应用于高中地理教学之中能够帮助学生将抽象的地理知识变成具体形象的图形，辅助学生将零散的地理知识串联起来。将地理知识系统科学地整合到思维导图之中，有利于帮助学生理解各个知识点之间的联系，提高学习效率。思维导图在高中地理教学中的应用改变了传统单调的板书教学模式，将教材中的文字、图形、图像等知识点完美结合在一起，形成既具有趣味性又具有逻辑性的组图，帮助学生建立系统科学的地理知识框架。也就是说，教师在高中地理教学中应用思维导图时必须充分考虑学生的学习特点、学习状况、兴趣爱好、心理特征等因素，在结合学生的这些学习影响因素基础上合理有效地应用思维导图，如此才能引导学生自主学习，激发他们的学习热情，最终达到提高学习综合能力的目标。

（三）有助于培养学生的区域认知

高中地理教学中应用思维导图能够很好地实现新旧知识的衔接，充分体现新旧知识之间的隐含关系，避免学生在新旧知识的更新学习中一时难以接受。思维导图还是学生对旧知识复习的重要工具，通过思维导图的应用能够有效地对以往的地理知识进行串联，使得学生能够形成一个完整的知识体系。例如：在进行高中地理复习时，可以将中国作为思维导图的出发点，将中国的区域经济、区域文化、区域环境，甚至中国的地形分布、气候分布等进行串联，形成一个有关我国地理知识的完整的思维导图，从而加深学生对相关知识的理解，以及对实际地理知识的应用。思维导图有助于学生运用认识区域的方法和工具对现实中的区域地理问题进行分析，能够较全面地评析某一区域决策的得失，并提出较为可行的改进建议。

（四）有助于培养学生的地理实践力

例如：根据以往学生在"地貌"这一知识点的学习可以发现，学生很容易混淆不同地貌的特点及其形成。在这种情况下，教师在"地貌"的教学课堂上便可以构建思维导图，启发学生对不同地貌的知识点进行思维建构，之后便运用思维导图来帮助学生建立一个完整的与"地貌"相关的意义建构图式。这样直观的知识点意义建构图式可以让学生很好地学习、理解、记忆地貌的相关知识点，同时还能有效地降低记忆混淆程度，最终掌握"地貌"的知识点。如此，不仅培养了学生能够进行较系统的观察和调查，获取和处理复杂的信息，主动发现和探索问题，独立设计和实施地理实践活动；还能让学生主动从体验和反思中学习，提出有创造性的想法，有克服困难的勇气和方法。

三、高中地理教学中思维导图的具体应用

（一）高中地理课前预习中思维导图的应用

高中地理课前预习是学生掌握地理知识以及提高学习效率的基础，良好的课前预习能够让学生的学习效率事半功倍。高中地理课前预习中思维导图的应用，有助于学生对教师要讲授的地理知识重点、难点进行提前的了解，为课堂学习奠定良好的基础。学生在课前预习中通过思维导图的应用，对于简单的地理知识点能够自行掌握，对于教材中的重点、难点问题，也能有自身的见解。通过这样的方式，学生在课前预习中能够增加对地理学科的学习兴趣，对提高学生的自主学习能力有较大

的促进作用。比如，在进行"森林的开发与保护——以亚马孙热带雨林为例"的学习时，需要学生掌握的是森林开发的现状、保护森林的意义以及亚马孙热带雨林开发和保护的现状等知识点。学生在进行课前预习时应用思维导图，能够有效加深对这些教学内容的理解，从而对教学内容的结构进行整理，有助于学生在课堂学习过程中对相关知识点的进一步理解和掌握。

（二）高中地理课堂教学中思维导图的应用

思维导图应用于教学过程之中有助于提高课堂效率。学生在预习时需要带着问题去预习，在思维导图的指导下，学生在预习过程中可以根据知识脉络图快速高效地找出问题所在的地方。这种自主学习方式能够提高学生自主学习的效率，帮助学生明确各个地理知识点之间的联系，从而提高学生地理知识的运用能力以及解决问题的能力。思维导图可以减轻学生记笔记的压力，让学生专注于课堂教学之中。学生可以结合思维导图在课堂上提出问题，教师针对学生存在疑问的地方及时予以解答。比如，高中地理教师在进行"荒漠化的防治——以我国西北地区为例"的教学时，学生已经在课前预习中对我国西北地区荒漠化的现状、原因、防治等知识点进行了初步了解。教师在课堂教学中应用思维导图，将学生预习过程中的难点和重点制作成思维导图的形式，有针对地对学生进行讲解，然后让学生通过思维导图进行探讨，对重点和难点问题进行有效掌握。

另外，针对学生在预习过程中可能遗漏的地方，教师可以结合思维导图进行适当的补充和拓展。教师引导学生完成地理知识点归纳的过程，能够让学生明确地理教学目标，让学生在学习过程中具有目标和方向，有助于提高高中地理课堂教学的效率。学生可以运用思维导图提高解题效率，思维导图通过将各个章节、层次的知识点串联成系统的知识体系，有助于帮助学生全面、科学、系统地思考问题和解决问题，提升学生对地理知识的实际运用能力。

（三）高中地理课后练习中思维导图的应用

高中地理课后练习是对地理知识点的再次理解和巩固，对学生掌握地理知识点有较大的帮助。在传统的地理教学中，课后练习是教师以课后作业的形式督促学生强化对知识点的理解和掌握，学生在这个过程中处于被动练习状态，很难发挥太大作用。将思维导图应用到高中地理课后练习中，学生通过将地理知识点以思维导图的形式再次绘制，进一步加深对知识点的理解，使知识点形成一个系统的结构图，对提高学生地理成绩和思维能力有较大的帮助。比如，学生在完成高中地理必修一第二章中"地球上的大气"的学习后，教师可以让学生针对所学内容绘制思维导图，将大气的受热过程、热力环流、全球气压带风带、季风环流等内容进行有效地连接绘制，形成一个系统的大气脉络，如此不仅可以加深学生对学过知识点的理解，而且能够提高学生创造性思维能力。

思维导图应用于课外活动之中有利于增加学生的学习热情。教师在课堂教学中可以利用思维导图反映出教学中的重难点，帮助学生明确地理学习的目标。通过明确地理教学中的重难点，教师在教学实践中更能分清主次，详细讲解学生在学习中存在问题的地方。教师可以组织学生自由地组成学习小组，小组成员根据教师所给出的课题进行小组合作，探讨研究出相应的结论并在班级内展示，之后教师就学生分析讨论的结果进行总结归纳。在思维导图的指导下，学生可以及时找出复杂问题中的解题点，有利于提高学生课外复习巩固的效率，让学生学习更加扎实。将思维导图应用于高中地理教学有助于培养学生的自主学习能力，提高学生的学习积极性。

四、结语

综上所述，高中地理教学中思维导图的应用能够将内容复杂、理论性强的地理知识点通过思维导图直观、系统地呈现在学生面前，提高学生学习能力以及创造性思维能力，进而培养学生的地理学科核心素养。

基于核心素养下的自主学习学案：
地域文化与城乡景观

范发平

一、核心素养目标

（1）综合思维：结合实例理解地理环境对地域文化的影响以及地域文化与城乡景观的关系。

（2）区域认知：结合区域资料，了解不同地域文化下城乡景观的差异。

（3）地理实践力：通过调查本地区的情况，了解城乡景观与当地地域文化的联系，对区域特色文化传承和保护提出合理建议。

（4）人地协调观：城乡景观是与地域文化相协调的。

二、课中师生互动

（一）地域文化

【自主学习一】

问题1：地域文化的定义。

问题2：地域文化的影响因素及特点。

问题3：比较自然景观与人文景观的差异。

景观类型	含义	举例
自然景观		
人文景观		

【探究活动一】

红河哈尼族彝族自治州位于云南省东南部,地处横断山区。2013年,红河哈尼梯田获准列入世界遗产名录,每年秋收以后到次年春播以前的休耕时节,是这里的旅游旺季。层层水田映照着蓝天白云,宛如一幅幅油画,吸引了无数游客。

1 000多年前,生活在这里的哈尼族等少数民族就开辟了梯田,种植水稻,稻田的灌溉依赖山泉溪流。经长时间摸索,人们发现森林是涵养水源的宝库,只有保证山上的森林面积足够大,水源才能常年不枯,于是生活在这里的民众约定特定范围的森林不得砍伐。

红河哈尼梯田处于季风气候区,年降水量不稳定,季节分配也不均匀。为了缓解用水矛盾,村民修筑了沟渠,连接各家的稻田。每个村都选出一位正直公正、责任心强的人来担任分水官,负责分配每一田块的用水量,各村之间也有分水的约定。这种传统一直延续至今。

根据材料,回答问题。

（1）在当地超过一定海拔的山地保留了大片森林,这些森林有什么作用,这体现了什么理念?

（2）根据季风气候的降水特点,思考当地发展梯田农业可能面临的困难;当地村民如何解决这些困难?

（3）当地的地域文化是否可以在代与代之间传承、不同地方传播?

（二）地域文化与乡村景观

【自主学习二】

问题1：举例说明乡村景观体现人地和谐。

问题2：举例说明乡村景观体现当地人们的社会组织形态、精神追求等。

【探究活动二】

宏村位于皖南山区，历史上属于古徽州，因其独特的村落布局和古建筑遗存体现了徽州的地域文化，被评为世界文化遗产。整个村子的布局与水密不可分，顺地势、水势，引溪流，汇泉水，构建了别出心裁的村落水系。

根据材料，回答问题。

（1）宏村利用主干道水系统，将流水引到各家各户。请分析宏村构建村落水系的价值。

（2）以宏村中的具体建筑为例，分析乡村景观如何体现地域文化。

（3）请以宏村为例，说明应该如何保护古村落文化景观。

（三）地域文化与城镇景观

【自主学习三】

问题1：举例说明城镇的色调、色彩体现的文化底蕴。

问题2：举例说明城镇建筑反映的某种文化意识和审美情趣。

【探究活动三】

问题1：城镇景观是如何体现地域文化的？

体现方面	实例说明

问题2：苏州传统民居大都临水而建，故诗人说苏州"人家尽枕河"。请分析形成这种景观的原因。

【重点突破】

北京老城的四合院是一种中国传统合院式建筑。其基本特点是以南北中轴线对称布置房屋和院落，大门一般开在东南角，门内建有影壁，外人看不到院内的活动。正房位于中轴线上，多为坐北朝南，侧面为耳房及左右厢房。正房是长辈的起居室，厢房则供晚辈起居用。外围砌砖墙，整个院落被房屋与墙垣包围，墙壁和屋顶都比较厚实。北京属温带大陆性季风气候，春季多风沙，四合院使人们适应了这里的地理环境。

根据材料，回答问题。

（1）四合院的建筑格局体现了中国人什么性格特征？

（2）从北京气候角度入手，分析四合院建筑格局的成因。

三、课后培育自动

问题1：比较我国东部农耕区和西部牧区的地域文化差异。

地区	人口分布	生产活动	生活习惯
东部农耕区			
西部牧区			

问题2：比较我国南方和北方地区的地域文化差异。

地区	耕地	农作物	传统民居	主食	运动项目	传统交通工具
北方						
南方						

【参考答案】

（一）地域文化

【自主学习一】

问题 3：

景观类型	含义	举例
自然景观	较少受到人类的直接影响或未受人类的影响	行云飞瀑、高山流水
人文景观	人类文化在地球表面上的印记，是人类为了满足某种需要，利用自然物质加以创造的结果	农田、村落、道路、建筑、雕塑等

【探究活动一】

（1）森林具有涵养水源的作用，只有保证足够面积的森林，梯田的水源才能常年不枯；体现了人地和谐的理念。

（2）季风气候的降水季节分配不均，且年际变化大，容易导致干旱或者洪涝的发生；修建沟渠连接各家梯田，选出分水官负责调配水量。

（3）红河哈尼梯田文化景观已存在千年，延绵不绝，说明它可以在代与代之间传承。但随着经济的发展，原来自给自足的生产方式可能需要调整，适应新时代发展要求。

由于自然环境和人文环境的差异，其他地方很难复制红河哈尼梯田文化景观，但人与自然之间、人与人之间和谐相处的审美情感值得在不同的地方进行传播。

（二）地域文化与乡村景观

【自主学习二】

问题 1：在我国人多地少的丘陵地区，乡村民居多居住在山麓的台地或高地,农田分布在相对较低平的平坦区域。这种"宅高田低"的空间格局: 高宅可避洪水, 低田便于灌溉, 形成人地和谐乡村景观。

问题2:我国南方传统土楼是一种大型民居建筑,以圆楼和方楼最常见,适宜聚族而居的生活和共御外敌的要求,体现了御外凝内的集体精神。

【探究活动二】

(1)构建村落水系不仅能够解决村民生产、生活和消防用水,调节气候,创造良好的人居环境;还能营造湖光山色交相辉映的意境,体现了古人顺应自然、利用自然、人与自然和谐统一的思想。

(2)树人堂、承志堂、敬德堂等建筑体现家风传承,南湖书院体现耕读文化……

(3)保护古村落的建筑和古老的村落水系,注重保护村落赖以生存的田地、山林、河流及其生态环境,保持村落文化的记忆,重视村落发展诉求,维护村落文化景观发展。

(三)地域文化与城镇景观

【自主学习三】

问题1:

例1:古代意大利工匠们烧制橘黄色的陶瓦建造房子,到了现代,很多建筑已经改用水泥来制作屋顶,但仍然会模仿陶瓦而涂成橘黄色。

例2:智利的瓦尔帕莱索是一座港口城市,经过的船只停泊在此维修保养,经常需要给船体涂抹油漆,修船工将修船剩下的油漆涂在自家屋顶和外墙上,防止海风对木制房屋的侵蚀。

久而久之，这个城市就变得五彩缤纷了。

问题2：北京紫禁城，以皇城居中，中轴线对称，功能分区明确，道路规划为棋盘格式。这种布局风格体现了皇权至上的思想，功能分区体现了严格的等级制度。

【探究活动三】

问题1：

体现方面	举例
城镇的色调、色彩体现文化底蕴	我国江南城镇的粉墙黛瓦，智利瓦尔帕莱索老城区的住房颜色五彩缤纷
城镇建筑反映某种文化意识和审美情趣	北京老城的四合院
城镇空间格局反映某种价值追求	我国古代的都城

问题2：苏州地处亚热带季风气候区的长江中下游平原，气候温暖湿润，地势低平，水网密布；这里物产丰富，商贸往来频繁，文化发达；居民住宅沿河依街，既方便生活，又方便运输和贸易。

【重点突破】

（1）四合院体现了传统中国人性格中的内向性和封闭性，体现了传统中国人正统、严谨、尊卑有序的思想特点。

（2）北京属温带大陆性季风气候，冬季多吹寒冷干燥的西北风，春季多风沙。四合院坐北朝南，大门开在东南角，整个院落被墙垣包围，可防寒保温避风沙，还可以提高冬季采光率。

课后培育自动

问题1:

地区	人口分布	生产活动	生活习惯
东部农耕区	人口众多,密度大	多从事种植业,畜牧业以圈养为主,现在出现了大量企业化养殖	多以大米为主食,房屋建筑多就地取材,现在楼房增多
西部牧区	人口分散,密度小	以畜牧业为主,牲畜靠放牧,现在不少牧区在水源较好的地方发展了人工草场,有些定居点新建了畜产品加工厂	以奶制品、羊牛肉为主食,喝奶茶,住蒙古包,现在定居点逐渐增多

问题2:

地区	耕地	农作物	传统民居	主食	运动项目	传统交通工具
北方	旱地为主	小麦、玉米、棉花、甜菜等	以土坯为原料,注重防寒	面食	冬季溜冰	马车
南方	水田为主	水稻、油菜、甘蔗等	以砖瓦为原料,注重通风散热	大米	游泳	船

试题中体现核心素养：《区域农业发展》比赛课命题设计

——以广东省清远市为例

梁　婕

材料一：清远市地处北回归线北侧，属东亚亚热带季风气候，年平均气温20.7℃，年平均降水量1900毫米。地形以山地丘陵为主（约占80%），土壤以山地黄壤和红壤、水稻土等为主，平原主要分布在北江两岸的南部。

清远市作为珠三角的后花园，自古是珠三角连接内地的纽带，境内铁路、高速公路和水路兼备，形成了四通八达、纵横交错的交通运输网络。清远市短期农作物以水稻、蔬菜、甘蔗、木薯等为主，长期作物有水果、茶叶、桑蚕、笋竹等。近年来，清远市人民政府加大对农业的投入，还与阿里巴巴在农业电商方面进行合作并取得较好的经济效益。农副产品由于质优销往全国及港澳台地区。

温故知新：根据上述材料找出影响清远市农业的区位因素。

材料二：清远市属亚热带季风气候。一年中夏天最长，春、秋、冬季较短，年平均气温在18.9~22℃之间，雨水资源丰富，年平均降水量在 1631.4~2149.3 毫米，年平均降水日（日降水量≥0.1 毫米日数）为 160~173 天。暴雨、洪涝是夏季的主要灾害，低温、霜冻是清远市北部地区冬季的主要灾害。

清远市一半以上地域是山区，地势自西北向东南倾斜，以山地、丘陵为主，平原分布于北江两岸的南部地区。独特的地理位置、奇特的地形地貌，孕育出个性鲜明的高山峡谷、河流湖泊、原始森林、溶洞温泉等奇特景观。

清远市地形复杂，山峦起伏连绵，形成多种土壤分布，主要的土壤类型有山地黄壤、红壤、赤红壤、红色石灰土、黑色石灰土、碱性紫色土、冲积砂土等。山地黄壤主要分布在海拔 600~1 500 米的山地，适宜作林业生产基地。红壤主要分布在海拔 300~600 米的丘陵山地，可发展经济林和速生丰产林。灌木植被主要有芒萁、大芒、丝茅草、岗松、野牡丹、野古草、桃金娘、龙须草等。

合作探究一：根据上述材料，分析自然条件对清远市农业发展的影响。

材料三：1. 名优高值水果

重点打造水果产业"两大产业集聚区"的发展格局，具体如下：

——在清城、佛冈、清新、英德打造高值精品水果产业集聚区，重点发展火龙果、葡萄、柠檬、砂糖橘、柑橘、沙田柚等特色品种。

——在连州、连南、阳山、连山打造名优特色水果产业集聚区，重点发展水晶梨、砂糖橘、沙田柚、鹰嘴桃、阳山春桔、大果山楂等地方名优特色品种。

2. 地方特色种养

重点打造地方特色种养产业"两区两带"的发展格局，具体如下：

"两区"：建设以连山、阳山、连南为主的特色畜禽生态循环种养示范区，主要养殖草香猪、瑶土猪、阳山鸡、梅花猪、三黄土鸡、麻鸭等；建设以阳山、连州为主的优质特色农产品生态种植示范区，主要生产西洋菜、淮山、春笋、麻笋、芦笋、冬笋、食用菌、大叶茶等。

"两带"：形成特色中草药标准化种植带（清新—阳山—连州—连山—连南），主要生产金银花、百合、溪黄草、铁皮石斛、山仓子等；形成蚕桑标准化种养带（英德—清新北部—阳山—连南）。

合作探究二：根据上述材料，找出清远市主要农产品，并对其进行分类。

材料四：依据清远市自然地理和经济社会条件，遵循全市农业资源地域分布规律、新型城市化、主体功能区规划及土地利用总体规划要求，立足各区域功能定位和发展条件，因地制宜，从空间上将全市现代农业发展区域划分为南部都市生态休闲农业区、中部现代高效精品农业区、北部优质特色规模农业区三大区域，突出清远市农业城郊型和生态型两大特色，形成优势突出、特色鲜明的区域农业发展格局。

A. 南部都市生态休闲农业区：主要包括清城区、佛冈县和清新区南部，该区域具有紧靠珠三角市场的区位优势，发达的交通网络、丰富的劳动力资源及农业科研人才资源等，具有拓展农业生活、休闲、教育、服务等功能和良好的基础条件，重点发展现代种业、设施农业、农产品加工流通业、休闲观光农业、会展农业及现代农业服务业，以优质农产品为原料进行深加工，以优势品牌占领高端农产品市场，全方位提升清远市农业品位，大力发展生态休闲观光农业，促进清远市农业融合发展。

B. 中部现代高效精品农业区：主要包括英德市、阳山县和清新区北部，该区域既具有近临城郊地域的交通区位优势，又因平原地形地貌有较多的连片土地分布，且水域环境优越，是地方名优特色农产品资源丰富以及最为集中的农业经营主体区域，适宜发展专业化种养基地和规模化、专业化、园区化的农产品，重点发展广东省一流的现代粮食、蔬菜、畜牧、渔业产业以及设施农业、现代农产品流通业，促进清远市特色精品农业产业聚集。

C. 北部优质特色规模农业区：主要包括连州市、连南县、连山县，该区域拥有优越的自然生态条件、名优特稀的农业资源和深厚的人文文化底蕴，以及地处粤湘桂三省交界处的区位优势。重点围绕打好高山特色和民族特色"两张特色牌"，发展南岭高山特色鲜明和壮、瑶少数民族文化特色鲜明的生态优质特色农业，通过加大农田路网生态屏障建设，保护好北部地区的生态环境和连江、北江上游水源水质，强化农业生态环境建设，并举办各类农业节庆、农产品推介会等活动，以及借力"互联网＋特色农业"，促进特色优势农副产品对外宣传营销，提高特色优势农产品知名度，发展专业特色农产品市场，对接沟通清远市南北两地以及粤湘桂优质特色农产品市场。

活动：根据上述材料，谈谈清远市农业今后的发展方向。

专题复习中体现核心素养下的自主复习：
从珠峰测量看青藏高原

王松常

一、课前任务驱动："给珠峰量身高"

2020 年 5 月 27 日 11 时，2020 珠峰高程测量登山队登顶成功。巅峰时刻，全民沸腾。

说到珠峰的海拔，8 848 米是很多中国人的第一反应。其实，那是 1975 年的数据。在 2005 年，珠峰的高度已经被更新为 8 844.43 米。

（一）为什么要一测再测

为什么要给珠峰"重测身高"？一是因为珠峰的"身高"随时在变化，二是测量技术有很大的飞跃，新技术可以明显提高测量珠峰海拔的精度。

（二）为什么选择 5 月测量

6~9 月：珠峰的雨季。由于 6~9 月印度洋暖湿气流沿山谷而上，易凝结成云雨，所以珠峰多出现雨雪交加或大风雪天气，气象变化也非常快。

10 月到第二年的 4 月：珠峰的季风期。珠峰所在纬度有全球著名的西风急流。在海拔 8 000 米以上的高空没有遮挡物，西风非常强劲。在下半年，正常西风速度可以达到 40 米/秒（12 级以上），这个风速已经超过台风的风速。

5 月风季和雨季交替，风雪较小，会出现短暂的适宜攀登珠峰进行测量的好时机。

（三）如何给珠峰"量身高"

第一步：测量珠峰山脚的海拔高度

珠峰高出青岛黄海平均海平面（我国水准基面即海拔 0 米）的高程，即珠峰的海拔高度。但直接在青岛测量珠峰高度是不可行的。我国已通过早期的国家重大测绘专项建立了覆盖全国的高程基准。通俗来说，就是在全国布设了许多高程基准点，相当于参照点。这次测量，就是从日喀则的国家深层基岩水准点开始复测。

第二步：测量珠峰高度

方法一：对珠峰本峰进行高程交会测量

登山队在山顶放一个觇（chān）标，再从 6 个点上用调至水平的经纬仪测出仰角 α 和距离 r，然后通过直角三角形计算公式，得到 h 就是山高。这 6 个山高数据一平均，就是珠峰高度。

方法二：卫星导航定位技术

觇标顶端固定有卫星定位设备，接收卫星信号进行高精度定位。

此次珠峰高程测量首次运用了我国自主建设、独立运行的全球卫星导航系统——北斗卫星导航系统提供的数据。2005 年我国对珠峰高程进行测量时，卫星测量主要依赖美国的 GPS 系统，此次测量，将同时参考中国北斗、美国 GPS、欧洲伽利略、俄罗斯格洛纳斯四大全球导航卫星系统的数据，并且以北斗的数据为主。

第三步：数据校正

测量中，大气折射、地球重力、天气等因素都会影响测量结果。测量人员登珠峰时必须完成测量积雪深度、测量重力的任务，用于后期对数据的校正。

为何不能用 RS 或 GPS 直接测量，还需要人工登顶测量？

珠峰高度，一般指珠峰顶部基岩的海拔高度，要除去积雪的厚度。遥感（RS）在高程方向的精度大约为 2 米，且只能测到雪面高度，精确度低；GPS 也只能测量积雪之上的高度，直接采用定位数据，精度不够。

（四）给珠峰"量身高"的价值

（1）科研价值：珠峰高程的精确测定，可以结束国际上珠峰高程不统一的混乱局面，为世界地球科学研究、地壳运动研究等做出贡献，其社会效益和科学意义是巨大的。

（2）生态价值：精确的峰顶雪深、气象、风速等数据，将为冰川监测、生态环境保护等方面的研究提供第一手资料。

（3）防灾价值：根据珠峰及邻近地区地壳水平和垂直运动速率变化，揭示印度洋板块与欧亚板块相互作用力的强弱变化，而这种强弱变化是引起我国大陆周期性地震活动的原动力。这些研究成果将对我国今后地震预报和减灾、防灾具有重要的实际意义。

（4）精神价值：作为全球最高峰，对珠峰高程的重新定义，是中国人不畏艰险、勇于攀登的象征，是中国力量、中国精神、中国效率的生动写照。

二、课中师生互动

情景一：

【2014 全国卷 I】近年来，一种不同于传统观光游的"深度游"悄然兴起。深度游是指旅游者通过徒步、自驾等方式，围绕某一特定主题获得深刻体验的旅游活动。有 3 位旅游者结伴拟于 4 月下旬自驾前往某地（湖面高程 3 196 米），进行以观鸟为主题的深度游。

根据材料指出为应对旅游地自然环境的特殊性，他们需要携带的生活用品，并说明理由。（10 分）

情景二：

【2019 海南卷】近年来，随着攀登珠穆朗玛峰人数增多，产生的废弃物增多，所引发的环境问题已引起世人关注。我国登山管理部门相继提出控制登山人数、成立高山环保基金会、制定登山管理办法等措施，以减少对珠穆朗玛峰地区环境的不利影响。

结合所学知识，分析珠穆朗玛峰地区废弃物增多易引发环境问题的原因。（6 分）

三、课后知识拓展

关于我国青藏高原地区的地理常识：

《西藏粮仓："一江两河"河谷地带》，"一江两河"是指藏族的母亲河雅鲁藏布江及其支流拉萨河和年楚河，其中部流域东起桑日县，西到拉孜县，南抵藏南河谷区，北达冈底斯—念青唐古拉山脉南麓，流域面积 6.6 万平方公里，其中包括拉萨、日喀则、山南三个地级市的 18 个县（市），人口约占西藏自治区总人口的三分之一。这里不仅是藏族文化的发祥地，而且历来被视为是西藏的"粮仓"。然而长期以来，这里的农业生产仍然处于原始的自然状态，二牛抬杠、人工撒播、刀耕火种、牲畜踩场仍是基本的生产方式，农业机械亦没有大规模推广，农业基础设施差，科技含量不足，环境保护不利，农业生态脆弱，所以农民对自然的依赖性强，难以彻底摆脱贫困状态。由此，当地政府确定了"科技为先导，水利为龙头，把开发大农业放在重要的位置，相应发展畜牧业、林业"的原则，综合考察经济、生态和社会效益，保持人口、资源、环境的动态平衡，建立起良性循环系统。

核心素养下的自主学习教学案：农业的区位选择

胡志坚

【学习目标】【核心素养】

（1）综合思维：利用案例材料，从多个维度找出影响农业区位选择的因素及其发展变化对农业生产的影响。

（2）区域认知：通过智利车厘子案例，学生能够从区域地理的视角，运用区域综合分析，来认识区域特征，形成因地制宜进行农业生产的观念。

（3）地理实践力：通过连州菜心生产的实际案例，尝试提出农业进一步发展的措施，加强乡土地理与抽象理论结合的实践活动，提升地理实践力。

【学习重点】

影响农业的区位因素及其发展变化对农业生产活动的影响。

【学习难点】

运用所学知识合理评价、选择农业区位。

【新课导入】

读"吃货眼中的中国地图",分析不同地区有不同代表性美食的原因。农业生产活动中植物的栽培和动物的饲养取决于哪些因素?今天我们就来学习"农业的区位选择"。

【教学过程】

探究活动一:基础学习——认识农业的区位

(1)观察上图四地农业生产活动有何不同?为什么四地农业景观不一样?

(2)如果我们把广东荔枝、云南大叶种(制作英德红茶的茶树良种)移到陕西种植是否可行?为什么?

(3)农业区位含义。

(4)影响农业生产的区位因素。

①自然因素。

②社会经济因素。

探究活动二：能力提升——农业区位因素

智利车厘子——水果界的"网红"

车厘子一直是高档进口水果的代表，尽管售价高，但还是受中国消费者追捧，特别是春节期间，网民调侃的"车厘子财务自由"一度引发网络热议。2018—2019年，智利向中国出口的车厘子已经占据中国车厘子进口总量的80%，创历史新高。智利车厘子为何能在中国热销呢？这与智利车厘子的品质、保鲜、运输等有很大关系。

得天独厚的地理和气候条件。智利南北狭长，西边是广阔的太平洋和海岸山脉，东边是安第斯山脉，两条山脉之间的中央山谷成为水果生长的沃土。智利的北部地区虽说终年没有雨水，天气干燥，但雪山融化后的雪水却源源不断流向此处。阳光充足，昼夜温差很大，有利于水果糖分积累。由于智利冬天还会下雪，所有的果树都会被积雪覆盖，积雪冻死多数病虫，从而形成天然的保护层，让果树免遭病虫毒害。

当车厘子被采摘后，对其冲洗、分级后放在专用的保鲜技术包装袋中，最终通过空运或海运到达中国。反季节供应是其出口我国的巨大优势。此外，中国、智利两国97%的商品实现了零关税使得智利车厘子面向终端的价格更为友好。

（1）通过案例，结合教材 P42 图 3.3，列举影响智利车厘子品质的区位因素。

（2）从农业区位因素的角度分析智利车厘子受欢迎的原因。（学生分组讨论后展示）

探究活动三：学以致用——我为家乡谋发展

清远好产品——连州菜心

秋冬季节，广东省清远市连州市昼夜温差大的特殊气候，以及优质的灌溉水源、肥沃无污染的土壤使得种植出来的菜心具有香甜、细嫩、爽口汁多的特点，特别是经霜打后的菜心，味道更清甜，是珠江三角洲各大酒店的抢手货。

近年来，由于交通运输条件的改善，以及人们消费饮食观念的改变，经连州人民政府大力推介，这些品质上乘、绿色健康的名优特农产品逐渐走出大山，为外界所熟知。2011 年 12 月，为推介宣传当地的名优特农产品，连州市举办了首届菜心节，连州菜心因其鲜、甜、脆、爽，口感极佳，绿色无公害而成为追求健康绿色的消费者的新宠。

（1）结合材料，从影响农业主要区位因素的角度列举连州菜心远近驰名的自然因素和社会经济因素。

（2）借鉴智利车厘子在中国成功的做法，探讨促进连州菜心进一步发展的措施。

（3）"乡村新闻官"是清远市 2018 年推出的改革措施，负责首次农事播报。每当农产品上市前夕，乡村新闻官就承担起对外播报对应农产品信息的责任。如果你是连州市的乡村新闻官，请你写一句推介连州菜心的广告语。

（4）发展农业是实现精准扶贫的重要途径。请结合连州菜心案例及课本知识，指出该地区应该如何发展本地农业，实现脱贫致富。

【课堂小结】

农业生产要综合考虑自然、社会经济等各种因素。农业区位选择的实质是农业土地的合理利用。农业区位选择的原则是因地制宜，因时制宜。农业区位选择的目标是追求经济、社会、环境效益的统一。

研学篇

参观气象局

——清远市第一中学提高高中生地理实践力研学活动

范发平

一、指导思想

通过参加地理研学活动，培养高中学生必备的地理核心素养。通过对学生地理核心素养的培养，落实立德树人的教育目标；强化人类与环境协调发展的意识；提升地理实践力；使学生具备家国情怀和世界眼光，学会关注地方、国家和全球的地理问题及可持续发展问题。地理实践力素养有助于学生更好地在真实的情境中观察、感悟、理解地理环境，以及地理环境与人类活动的关系，增强学生的社会实践能力和责任感，让学生更好地体会校训——"清正立身，跬步致远"的精髓，真正做到"乐学、乐思、乐行"。

为进一步加深学生对气象知识的了解，感受气象科学技术的无穷魅力，提高学生养成规避自然灾害的能力，让学生亲身感受大自然的奥妙，从而激发学生探究科学的兴趣，清远市第一中学组织学生参与"地理实践力"研学活动。

本次活动在清远市第一中学教学处的指导和大力支持下，以及清远市气象局的大力配合下进行。研学活动方案如下：

二、活动时间

2018 年 4 月 3 日（周二）下午 4：00 — 6：00

三、活动地点

清远市气象局

四、活动人员

清远市第一中学高二年级文科班全体师生

领队：梁仁道、梁婕、李灶芬、范发平

五、活动内容

（1）气象站资源结构和特色介绍。

（2）学生校外活动项目设计。项目一：气象常识；项目二：气象与生活；项目三：气象与农业。

（3）分三组进行参观：（1）（2）班为第一组，（3）（4）班为第二组，（5）（6）班为第 3 组，按观测场—气象台—展览厅顺序，每组每个点参观 20 分钟，每参观完一个点再转到下一个点参观。最后在气象局前小广场集合，安全返校。

六、活动要求及注意事项

（1）4 月 3 日下午 3:40 在清远市第一中学西门集合队伍，步行至清远市气象局。

（2）出发前对学生进行道路交通安全教育，注意道路行走安全，自觉遵守交通规则。

（3）参加研学活动的学生必须严格服从安排，不得以任何理由私自离队单独行动，不随意乱跑，不做危险性的游戏，有事要向领队老师请假。

（4）提醒学生到达清远市气象局后要做文明学生，不大声喧哗，服从工作人员的安排。

（5）参加研学活动的师生在校外注意个人仪表形象，学生统一着夏装校服参加。

（6）爱护环境，不损坏绿化等公共设施，不乱丢垃圾，自觉维护公共卫生。

（7）自备笔和笔记本，做好参观记录。回校后互相交流，探讨参观收获，并及时写好小组考察报告。

清远市第一中学地理科组

2018 年 4 月 3 日

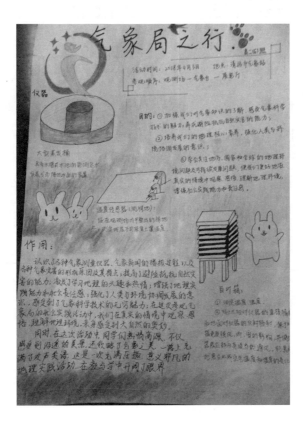

走进气象局，感受新科技

范发平

2020 年 8 月 27 日上午，清远市第一中学高一年级特色班的学生走进清远市气象局，感受气象科技魅力。

为落实立德树人根本任务，帮助中学生了解家乡、了解自然、热爱祖国、热爱科学、增长知识、陶冶情操、拓宽视野，

体验不同的自然和人文环境,加深与自然和人文环境的亲近感,着力提高中学生的社会责任感、环保意识、创新精神和实践能力,清远市第一中学充分依托靠近清远市气象局气象公园这一优越的地理优势,在清远市气象局大力支持下,组织了本次参观研学活动。

学生们在教官、年级负责人、班主任和体育老师的率领下,迅速有序地步行到清远市气象局,受到了清远市气象局工作人员热情的接待。

在气象观测站,学生们认真地听工作人员讲解百叶箱、雨量器、蓝天观测仪等各种气象仪器,有时拿出纸笔做笔记。在气象科普室,学生们文明有序地学习气象科普知识,了解气象科学技术,积极参与一些科普互动。

3小时的参观研学活动,加深了学生对气象知识的了解,让学生感受到气象科学技术的无穷魅力,为学生将来的地理学科和物理学科的学习做了有趣有价值的铺垫。

第一届广东省中学生地理研学旅行成果交流展示活动

范发平

　　学科核心素养是学科育人价值的集中体现，是学生通过学科学习而逐步形成的正确价值观念、必备品格和关键能力。地理学科核心素养主要包括人地协调观、综合思维、区域认知和地理实践力，它们是相互联系的有机整体。

　　地理实践力指人们在考察、实验和调查等地理实践活动中所具备的意志品质和行动能力。考察、实验、调查等是地理学科重要的研究方法，也是地理课程重要的学习方式。地理实践力素养有助于提升学生的行动意识和行动能力，更好地在真实情境中观察和感悟地理环境及其与人类活动的关系，增强社会责任感。学生能够运用所学知识和地理工具，在室内、野外和社会的真实环境下，通过考察、实验、调查等方式获取地理信息，探索和尝试解决实际问题，提升活动策划、具体实施等行动能力。

　　高中地理课程具有区域性、综合性和实践性的特点，学习方式离不开各种实践活动。地理研学旅行是实施地理实践活动，提高学生地理实践力的重要途径，从而有效培养学生地理学科核心素养。

2016 年 11 月，教育部等 11 个部门联合印发《关于推进中小学生研学旅行的意见》，要求各地教育部门和学校组织实施，通过有计划的集体旅行、集中食宿等旅行体验方式开展研学旅行。研学旅行是融社会调查、参观访问、亲身体验、资料搜集、集体活动、同伴互助、文字总结等为一体的综合性社会实践活动。通过研学旅行让学生在旅行的过程中陶冶情操、拓宽视野，体验不同的自然和人文环境，加深与自然和文化的亲近感，增加对集体生活方式和社会公共道德的体验，培养学生的独立能力、创新精神和实践能力，顺应了"立德树人、实践育人"的教育发展理念。

地理研学旅行能够激发学生地理学习兴趣，培养其实践能力，提高其勇于探索和求实求真的精神、合作交流的能力和社会责任感，增强其环境保护意识和爱家乡的情感。高中地理新课标要求地理教学要由"课本知识"向"生活知识"拓展，提倡把乡土地理作为综合性学习的载体，而课堂教学组织的出发点就是立足于绝大多数学生的兴趣、实际生活经验和感受。如果将其与教学内容紧密结合，一定会激起学生的好奇心和求知欲。

为贯彻落实教育部等 11 部门《关于推进中小学生研学旅行的意见》与《普通高中地理课程标准》（2017 年版）有关精神，由广东教育学会中学地理教学专业委员会主办的第一届广东省中学生地理研学旅行成果交流展示活动于 2018 年 7 月 21 日在中山举行。本次研学围绕培养学生地理实践力与家国情怀为主题，通过野外考察、社会调查、汇报答辩以及才艺展示四项任务，让学生真正走出校园，亲近自然，了解社会，体验生活，将课本所学知识运用于现实问题的解决。活动突出了学生地理核心素养的培育，开阔了学生视野，丰富了学生地理知识，培养了学生的地理思维能力，落实了立德树人的根本任务。

清远市第一中学对这次中山地理研学旅行非常重视，派出了强大阵容参加。在 2018 年暑假期间，由笔者和梁婕老师担任教练，对参加本次中山地理研学旅行的学生进行专门培训。通过师生的共同努力，我们在本次研学旅行中取得了两个一等奖、一个二等奖、一个三等奖的好成绩。以下对本次中山地理研学旅行简单汇报，以飨读者。

有道是："纸上得来终觉浅，绝知此事要躬行"；"读万卷书，行万里路"。在本次的地理研学活动中，学生们陶冶了情操，拓宽了视野，体验了不同的自然与人文风景，增强了对自然、人文的文化认同感，培养了独立、创新能力，发扬了团结协作的精神，增强了地理学科核心素养，提高了整体素质。

在本次的地理研学活动中，给我们（以周倩茵、赖育佳、文溢楠、罗堃组成的一组）印象最深的就是"实践"。我们深刻认识到地理实践力的培养，并非只是到野外走一走、看一看，"毕其功于一役"，而是科学的探索态度和思维，以及行动力、实践力全方位的培养。

面对酷热的夏日，我们始终保持着主动的态度与清晰的思维，在研学考察中不断把握先机。在其他小组最终走回头路，搭乘组委会大巴到达考察地点崖口村的情况下，我们与崖口村的两位大伯沟通并取得同意后，搭乘崖口村大伯的电动车，提早一个多小时到达崖口村，获得了宝贵的考察先机。这让我们认识到当遇到困难时，不埋怨，不安于现状，不无所作为，而要充分利用场内外的条件，去创造机会，创造先机。

崖口村是广东省唯一一个还保存着合作社集体化经营生产模式的村落，它见证了中国改革开放的伟大历史变迁和农村土地产权关系变化。保留着集体化的农业经营模式并非是守旧与固执，而是崖口村村民在独特的地理位置与人口状况下做出的选择，体现了崖口村村民实事求是、从实际出发的态度。集体化的生产也带动了农业生产的机械化、科技化。

在崖口村的考察过程中，更有热情的阿姨听闻我们第一次到中山，立刻亲自带我们去村里游览、考察，为我们讲解曾发生过的故事。让原本只是打算问路的我们，真切体会到这片土地的热情。阿姨首先带我们到了崖口碉楼。老旧的墙体、缝里长出的榕树，历经风雨的碉楼却依旧令人心生敬意。碉楼见证了旧时代崖口村村民对和平的维护，也见证了新时代崖口村的发展。接着我们来到了崖口村祠堂，阿姨告诉我们，每年一些重要节日许多外出的人都会回来拜祠堂。一份乡情，是游子最难割舍的，大约如此。盛夏的正午时分，阿姨带着我们在崖口村探访古建筑，寻找历史，使我们不仅深入了解了崖口村的过去，更直接体会到了崖口村淳朴热情的民风。对过路的游人已这么热情，更不用说对崖口村的建设发展是何等重视了。崖口稻米可以凭借其品质美名远扬，除了水田的滋养，还有崖口村村民的一份真心热情。在崖口村的整个考察过程，我们不仅从实践中领悟到处事的方法和态度，也领略到崖口村美丽的自然风光与丰厚的人文内涵，感受到淳朴热情的乡风民风。自然宜人，民风淳朴，这就是我们中国美丽乡村的内涵所在，魅力所在。

下午，我们来到了第二个研学地点——中国（大涌）红木文化博览城（以下简称"红博城"）。原以为红博城有的只是各色红木，可走进去才发现，原来这里别有洞天。唐宋明清，中原岭南，各式建筑风格都在这里呈现。唐的大气恢宏，宋的法度严谨，明的古朴雄浑，清的工巧华丽，在这里都可见一斑。飞檐斗拱，画栋雕梁，还有古色古香的红木家具，让人恍惚间回到了历史的烟云中。可这里又不仅仅有着过去，有的更是未来。现代化的家具设计与灯光运用，带来的是历史与未来的交融，是对传统的继承与发展。从二楼俯瞰，一楼有一池碧水，各色锦鲤游弋其中。池边有一画舫，斗拱飞檐，灰墙朱窗，灯光从四处洒落，跳跃在水波里，颇有"满船清梦压星河"之感。不同于传统的画舫与鱼池，在这里古人的诗意完美地融合在了科技之中，给人带来耳目一新的感受。此处是中国建筑文化博大精深的集中体现，又是传统与现代的融合，焕发出中国优秀传统文化瓜瓞绵绵于历史长河的活力。

同时，团结协作也是我们的一大收获。我们懂得了如何根据问题的导向、问题的性质进行分工合作，合理安排分工与集中考察，更好地发挥个体与整体的功能，既充分发挥了个人才能，又增进了与同学之间的友谊。我们在红博城内集思广益，分工合作，有的组织文字，有的搜索资料完善答题表述，有的书写答卷，在规定时间内出色完成答卷。不仅有完成任务的喜悦，更有团结协作，共同奋斗的青春记忆与印记。

最后，在研学旅行中我们感悟到实践是深化书本知识最有效的途径之一。只有经历过实践，才能更好地将知识内化于心，外用于行，灵活而合理地去思考各种地理现象与解决地理问题。除了实践，责任与担当意识更是新时代学生必备素质。崖口村是中国美丽乡村的一员，红博城所蕴含的建筑文化与传统工艺文化是中华民族优秀文化的结晶，我们要增强地球主人翁意识，树立生态文明观念，传承发扬中华优秀传统文化，守护我们的精神家园。

地理教师组织开展各类地理研学旅行活动，为学生地理核心素养的形成和提升提供了有力的支持，极大地促进了学生的健康成长和全面发展。当然，在教学实践中，除了组织开展研学旅行的实践活动，教师还可以通过组织学生开展地理实验操作、野外考察、社会调查等多种方式提升学生地理实践力素养。
总之，只有有效地提升学生的地理实践力素养，才能不断提升
学生的整体地理核心素养水平。

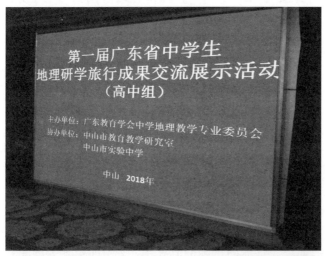

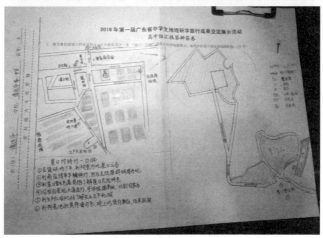

清远市第一中学地理野外研学考察实践活动方案

范发平

一、地理野外研学考察实践的目的和意义

学科核心素养是学科育人价值的集中体现，是学生通过学科学习而逐步形成的正确价值观念、必备品格和关键能力。地理学科核心素养主要包括人地协调观、综合思维、区域认知和地理实践力，它们是相互联系的有机整体。

地理实践力指人们在考察、实验和调查等地理实践活动中所具备的意志品质和行动能力。考察、实验、调查等是地理学科重要的研究方法，也是地理学科重要的学习方式。地理实践力素养有助于提升学生的行动意识和行动能力，更好地在真实情境中观察和感悟地理环境及其与人类活动的关系，增强社会责任感。学生能够运用所学知识和地理工具，在室内、野外和社会的真实环境下，通过考察、实验、调查等方式获取地理信息，探索和尝试解决实际问题，提升活动策划、具体实施等行动能力。

高中地理课程具有区域性、综合性和实践性的特点，学习方式离不开各种实践活动。地理研学旅行是实施地理实践活动，

提高学生地理实践力的重要途径，能够有效培养学生地理学科核心素养。

2016年11月，教育部等11个部门联合印发《关于推进中小学生研学旅行的意见》，要求各地教育部门和学校组织实施，通过有计划的集体旅行、集中食宿等旅行体验方式开展研学旅行。研学旅行是融社会调查、参观访问、亲身体验、资料搜集、集体活动、同伴互助、文字总结等为一体的综合性社会实践活动，通过研学旅行让学生在旅行的过程中陶冶情操、拓宽视野，体验不同的自然和人文环境，加深与自然和文化的亲近感，增加对集体生活方式和社会公共道德的体验，培养学生的独立能力、创新精神和实践能力，顺应了"立德树人、实践育人"的教育发展理念。

地理研学旅行能够激发学生地理学习兴趣，培养其实践能力，提高其勇于探索和求实求真的精神、合作交流的能力和社会责任感，增强其环境保护意识和爱家乡的情感。高中地理新课标要求地理教学要由"课本知识"向"生活知识"拓展，提倡把乡土地理作为综合性学习的载体，而课堂教学组织的出发点就是立足于绝大多数学生的兴趣、实际生活经验和感受，如果将其与教学内容紧密结合，一定会激起学生的好奇心和求知欲。

二、地理野外研学考察内容和主要环节

（1）考察项目和考察地点。考察项目为考察地的区域地理环境，与所学地理知识有一定的联系，有助于理解、深化所学地理知识。考察地点为清远市消防安全科普教育基地，该考察点较典型，线路安全，费用较低。

（2）准备资料。在实地考察前，搜集并整理考察地相关的

地图、统计数据、历史记录等资料，对考察地点有初步了解。

（3）确定考察和访问的内容，设计考察程序和路线，确定考察方法。根据考察目的确定考察和访问的内容，内容要有针对性，形式要多样；考察方法可以考虑访问、访谈、验证、探究等。

（4）进行实地考察与访问。在野外考察中，要求学生对地理事物的了解做好详细记录，并与所搜集的相关资料进行比对；同时可以通过录像、摄影、录音、取样等手段获得相应的实证资料；需要在地图上标注的，在准备好的地图上做好标注。

三、地理野外研学考察报告的撰写

对考察获取的资料进行整理，然后撰写考察报告。考察报告的内容一般包括：拟定题目、考察目的、考察方法、考察内容、原始资料与野外考察结果对比、得出的主要结论、进一步探讨的问题等。撰写时要求图文并茂，有逻辑性。具体要求：考察报告中做一份当地考察的平面图；到考察地的路线图；有考察地自然地理要素，如地形地貌、河流、土壤、植被等；有考察地人文地理要素，如人口、农业、工业、交通、旅游等。考察报告以小组为单位撰写，由组长具体分工协作。

四、地理野外研学考察成果交流与展览

选择优秀的考察成果进行交流与展览。

清远市第一中学地理科组

2019 年 10 月 15 日

高一年级"走好新时代长征路"远足励志研学活动课程内容设置

范发平

一、意义和目的

2021 年是中国共产党建党 100 周年。追溯党 100 年来的发展历程，我们深深地体会到中国共产党无愧于中国人民和中华民族的先锋队。为了让青年学生"不忘初心、牢记使命"，同时为了让青年学生有"走好新时代长征路"的信心和担当，接过革命先辈的"接力棒"，清远市第一中学高一年级开展"走好新时代长征路"远足励志研学活动。远足励志研学活动可以锻炼学生意志，磨炼学生品性，从而达到让学生"有信仰、能担当、知乡情、护生态、强身体、提素质"的目的。该活动也有助于配合高中课程新课改、新素养，提升学生的实践力和综合素养。

二、时间

2021 年 5 月 11 日（星期二）下午 1∶30 — 6∶00

三、课程设置

【地理部分】

（1）植被观察：观察并记录考察路线中主要的植被类型及代表性植物（可利用手机拍照和识物），描述代表性植被景观特征，指出其在我国的主要分布地区和所对应的气候类型，分析形成原因。

（2）地貌观察：简述地貌观察的顺序，根据观察（手机拍照）从三个维度（高度、坡度、坡向）进行描述。

（3）黄腾峡生态旅游区位于清远市清城区东城街，距离清远市市中心约十分钟车程。景区峡谷漂流对外开放，黄腾峡漂流被冠以"漂流之乡——漂流之王"称号，有"小九寨"之称。黄腾峡生态旅游区水质清澈、风景优美、空气清新，深受广大游客好评。景区曾多次举办全国性和国际性的大型漂流比赛，当地政府希望将景区打造成集运动娱乐、休闲观光、商务旅游、购物度假于一体的大型综合生态旅游区。近年来，黄腾峡生态旅游区不断刷新游客纪录，成了超亿流量的网红打卡地！考察结束后，我们将讨论得出黄腾峡生态旅游区成为网红打卡地及其游客爆满的原因。

同样的研学　别样的精彩
——记清远市第一中学地理课组与范发平地理教师工作室部分成员韶关研学之旅

范发平

2018 年 12 月 21—22 日，清远市第一中学地理课组与范发平地理教师工作室部分成员开启韶关研学之旅。广东的冬天比过春天般的温暖，我们的研学热情胜过夏天般的火热。两天的研学之旅让大家收获满满，精彩无限。

第一站，我们来到韶关市第一中学研学交流。韶关市第一中学的领导和地理科组全体成员热情地接待了我们，让我们感受到地理人的和谐。韶关市第一中学始建于 1905 年，前身为范家祠学堂，属广东省重点中学、广东省首批一级学校、国家级示范性高中。韶关市第一中学坐落在韶关市景色秀美的东郊，距离韶关东站 6 公里，平直宽阔的标准化城市一级公路——韶塘大道将学校与韶城紧紧相连。它的西边紧临韶关中等职业技术学校，东边为韶关学院，三所园林式建筑、配备数字设备的现代化学校分立在韶塘大道的两旁，勾画出韶关市未来文化园区的亮丽风景。首先，我们参观了韶关市第一中学及其地理生物园，我们一起研讨韶关的地理位置、地形地貌、社会经济、风土人情；随后韶关市第一中学地理科组长、广东省特级教师尹德荣老师为我们奉献了一堂精彩的地理公开课：课堂紧扣地理核心素养，重点突破地理综合思维。从要素解析到实例剖析，多层面培养学生的学科思维，对学生核心素养的养成有很大的帮助，提高学生解题能力。最后，我们各备课组就目前高中教学中的问题做了较深入和全面的交流和研讨。

　　第二站，我们来到珠玑巷从事社会调查研学活动。社会调查研学活动是提高地理实践力的重要途径。地理教师作为各类地理研学活动的组织者，应该走出课堂、走入社会，在生活实际中发现问题、解决问题，这样才能引领学生做好研学活动。珠玑巷原叫敬宗巷，位于广东省南雄市县城北9公里处，唐敬宗时，此处有一张姓人家，七世同居，家庭和睦。敬宗宝历元年（825年），朝廷闻其孝义，奖赐珠玑宝贝，又因避唐敬宗庙讳，遂改名珠玑巷。珠玑巷基本保持着古驿道的原貌，巷内分为北门、中街和南门，有3座城门式门楼，总长1公里多，均为明末建筑物。巷长261米，宽3~4米，用鹅卵石砌成路面的古驿道由北向南，穿巷而过。珠玑巷内的北门、中街和南门，各刻"珠玑楼"，南门楼刻"珠玑古巷"，旁嵌小石碑，上书"祖宗故居"。南门旁有一七层八角形的元代实心石塔，在"珠玑古巷"牌楼西北，造型奇特，塔下有基座，刻有"至正庚寅孟冬"年号（1350年冬），是广东省现存元代石塔中唯一有确凿年代可考的石塔，也是珠玑巷保存年代较久的文物，1971年重修，现已被列为省重点文物保护单位。珠玑巷是中原人移居岭南的重要聚居地，也是珠江三角洲居民的发祥地和海外无数华侨的祖居。

　　第三站，我们来到位于韶关市的乳源大峡谷进行野外考察。地理活动中的野外考察能使教育回归生活。野外考察中，教师引导学生观察地理现象，发现实际的地理问题，用所学地理知识解释生活中的地理问题，探究生活中的地理现象，使学生从"知识"向"能力""素养"转变。此次考察让我们进一步认识到地理实践力素养的意义。乳源大峡谷，又称粤北大峡谷或广东大峡谷，为广东省最大的峡谷。峡谷长 15

公里，深 300 多米，属石英砂峡谷地貌。大布河由东北向西南蜿蜒穿谷而过，谷中沟壑纵横，奇峰林立，古木参天，自然景观丰富。

高中地理课程具有区域性、综合性和实践性的特点，学习方式离不开各种实践活动。地理研学旅行是实施地理实践活动，提高学生地理实践力的重要途径，从而有效培养学生地理学科核心素养。

地理教师要引导学生做好研学实践活动，自身必须要有更多的实践。有道是："纸上得来终觉浅，绝知此事要躬行""读万卷书，行万里路"。在这次的地理研学活动中，我们陶冶了情操，拓宽了视野，体验了不同的自然与人文风景，增强了对自然、人文的文化认同感，也让我们深深感受到"人地协调""地理实践力"的重要性。同样的研学，别样的精彩！

丹霞山研学报告

范发平

丹霞地貌，是具有神奇力量的自然给中国这片土地最为特别的礼物。它是中国最明亮的一抹红，如同天空朝着生养我们的大地摁下的一枚传世印章。

饮醉了露水的微风踉踉跄跄地走着，与将要出发的我们迎面撞了个满怀。秋风拂面，令人心旷神怡，更为我们满满的好心

情锦上添花。2020 年 11 月 18 日，清远市第一中学高一年级学生在世界自然遗产——丹霞山进行研学活动。

带着一路的期盼，终于来到了丹霞山的脚下。它被绿林笼罩着，高峡幽谷，古木葱郁，显得神秘而静谧。

丹霞山，位于广东省韶关市仁化县境内，总面积 292 平方公里，是广东省面积最大、以丹霞地貌景观为主的风景区。丹霞山拥有"世界地质公园""中国红石公园""国家 5A 级旅游区""国家级风景名胜区"和"国家级自然保护区"的称号。

丹霞山名字的含义为"颜如渥丹，灿若明霞"，它由 680 多座顶平、身陡、麓缓的红色沙砾岩石构成，以赤壁丹崖为特色。在世界已发现的 1 200 多处丹霞地貌中，丹霞山是发育最典型、类型最齐全、造型最丰富、景色最优美的丹霞地貌集中分布区。

此次研学，我们主要从中了解和学习到了丹霞山的生物多样性以及地质方面的知识。

以下便是我们研学过程中收集的部分地质资料。

一、梦觉关——大型蜂窝状洞穴

梦觉关——大型蜂窝状洞穴发育在厚层砂岩中，由差异风化形成的一系列洞穴组成的主洞略呈三角形，高约2米，长6米，深2.5米，主洞左侧有多个直径在数十厘米的圆形或近圆形洞穴，有两个洞之间是相互贯通的。主洞左下侧有三个明显圆形洞的残留，右侧也有一个椭圆形洞的残留与主洞相连，主洞右下侧有一个洞和主洞合并。上述现象说明主洞是由多个小洞风化合并而成。最左侧的一个洞穴有明显的分带现象。主洞和周围洞穴均可见明显的片状风化现象。

梦觉关——大型蜂窝状洞穴

二、古波痕

波痕沉积形成于河床边缘水流浅缓的环境，水流过的河床上形成了一系列的沙纹。通过观察发现，之前的沉积并未将沙纹破坏，而是将其覆盖并完整保留了下来。古波痕的波痕宽度为5~7厘米，波高为3~5毫米。根据在沙质河床上实测的结果比对，形成此处沙纹的河水流速为0.25~0.35米每秒。

一天半的行程短暂而又充实，我们从中学到了许多在课本上学不到的知识，体验到了大自然的神秘。离开时，我们还依依不舍。

古波痕

啊！美丽的丹霞山啊！见面之初，你是如此的神秘，如此的美丽；见面之时，你是如此的令我着迷，你是如此的令我流连忘返；分离之时，你是如此的令我梦魂萦绕，你是如此的在我的记忆中挥之不去。你在世界地理上作为独特且主要代表的地形地貌，你在时间长河中不断运动演变而成的岩层形状，你在中国韶关仁化坐落的座座奇异雄壮的山峰，永远都是我们中国最珍贵且珍惜的自然瑰宝，永远都是我们中国人无比的自豪和骄傲。

希望你在未来的日子里，可以继续被人们好好保护，延续着伟大、在历史长河闪闪发亮的生命。期待着我们下次再见。

清远市第一中学研学实践方案
——走进英德，感受乡村振兴

范发平

一、研学活动介绍

英德市位于南岭山脉东南部，广东省中北部，北江中游。英德市历史悠久，南宋庆元元年（1195 年），升英州为英德府，自始得英德之名。元至元十五年（1278 年），改英德府为英德路总管府；至大元年（1308 年）复降为州。明初洪武二年（1369 年），改英德州为英德县。1994 年 1 月，英德撤县设市（县级市），由清远市代管。英德市面积 5 634 平方公里，是广东省面积最大的县级行政区。1996 年，英德市被评为广东省第二批历史文化名城。

此次研学以"探索乡村振兴，感受乡村振兴"为主题，走进茶园深入了解英德红茶历史和茶文化；走进民宿村——鱼咀，探究古村落蜕变；走进连樟村，重走习近平总书记考察路线，感受总书记的殷切嘱托。通过系列活动让学生亲身感受产业兴旺、生态宜居、乡村文明、治理有效、生活富裕的乡村振兴美好画卷。学生通过学知、践行的方式，让乡村振兴的成果印在心间，把课本知识内化于心，外化于行，激发了学生参与乡村振兴的热情和决心。

二、研学亮点

【改革篇：发展速度】立足热点地方，感受乡村发展。

【感受乡村振兴成果】深入了解英德红茶产业，体验古村的蜕变，领略连樟村的飞速发展，亲身感受乡村振兴成果，增强对乡村的热爱。

【知识与生活结合】研学紧扣高中地理学科知识，让学生在大自然中感受书本知识。

【增强团队精神】共建研学团队，以队伍为单位进行探究，在发挥个人能动性的同时共同探讨，快速完成研学任务。

【带着问题去研学】在研学前搜集相关问题，在研学过程中找到答案。

（一）积庆里茶园

英德积庆里红茶谷，位于英德市横石塘镇，茶园面积超过1 300公顷，风景秀丽，自然环境好，是目前华南地区规模最大的英红九号种植加工基地；积庆里红茶谷已成为一个以特色农业为核心，以生态旅游发展为方向的综合型产业基地，曾先后获得了"广东农业公园""广东省休闲农业与乡村旅游示范点""中国美丽田园"等多项荣耀。

积庆里红茶谷，是一个以弘扬英德红茶文化为主题，集茶叶种植、生产加工、贸易销售、茶园观光、采茶制茶体验、茗茶展览、休闲品茗于一体的生态旅游胜地，其中英红九号、梅占、金萱等品种茶树种植面积超过200公顷。

结合你所学的地理知识，评价一下积庆里红茶谷茶树种植的条件。该地茶树种植可能遇到的灾害有哪些？可以采取哪些防灾救灾措施？如何打造英德红茶品牌？

（二）英德市鱼咀村

"先有鱼咀，后有洽洸，再有英德"，这句话在英德市鱼咀村流传甚广。鱼咀村有着数百年的历史，村内的古城墙、古码头、古井、古树至今仍保存完好。作为古代重要的贸易中转站，小北江从鱼咀村西侧穿流而过，令这里的码头文化一度繁荣，村内的鱼咀街也曾是繁华的商业街。

请根据所学的地理知识，通过实地观察说出小北江的流向及其在侵蚀和堆积作用下所形成的地貌特征；描述小北江两岸未来发展的趋势，并说明理由。

（三）连樟气象站

英德市连樟村生态气象观测站和生态环境监测站是由广东省气象局、广东省生态环境厅联合共建，由清远市气象局和清远市生态环境局负责具体实施建设。该站安装了各类气象、生态、环境观测设备，能实现对连樟村气象、大气、生态、环境各方面的有效观测与监测以及进行数据分析和传输，将有力支持连樟村防灾减灾和生态文明建设。

运用所学习的地理知识，请为连樟村规划建设一个气象站。

▎后 记

　　2017 年，在我国新一轮课程改革中，特别要求转变学生的学习方式。实现人的自主发展是全面推进素质教育、实施基础教育新一轮课程改革要实现的目标之一。为此，新课程改革倡导自主学习这一新的学习方式。提倡和运用能发挥学生主体性的多样化的学习方式，让学生成为学习的主人，使学生的主体意识、能动性和创造性不断得到发展，培养学生的创新精神和实践能力。在中学地理教学中如何让学生自主学习，如何让学生自我发现地理知识并独立地掌握地理知识，正是当前地理教学全面推进素质教育、培养学生各种能力的迫切要求。

　　《普通高中地理课程标准（2017 年版）》明确指出：中国学生发展核心素养是党的教育方针的具体化、细化。为建立核心素养与课程教学的内在联系，充分挖掘各学科课程教学对全面贯彻党的教育方针、落实立德树人的根本任务、发展素质教育的独特育人价值，各学科基于学科本质凝练了本学科的核心素养，明确了学生学习该学科课程后应达成的正确价值观念、必备品格和关键能力，对知识与技能、过程与方法、情感态度价值观三维目标进行整合。地理学科核心素养主要包括人地协调观、综合思维、区域认知和地理实践力，它们是相互联系的有机整体。

　　为了更好地探寻如何有效培育学生地理学科核心素养，在教学中，教师应让学生的一切学习活动建立在满足学生发展需要和已有经验的基础上，让学生自主提出问题，自主解决问题，独立观察、思考、实验、操作等，互相交流研讨，并按自己的想法和要达到的目标去自由地获取知识。鉴于此，本项目研究团队决定在高中地理教学中进行学生自主学习能力培养的研究与实践，满足学生未来发展的需要，并确立了题为《学科核心素养下高中地理教学中的自主学习策略研究》的项目研究。

本课题是 2018 年清远市第 19 批教育科研课题，课题批号为 19—54。2021 年，经清远市教育局教育科研领导小组办公室组织的专家鉴定组鉴定，予以结题并获得通过。课题组成员以开展课题研究为契机，不断深入学习新时代教育教学新理念，深刻领悟培养学生核心素养的意义及其本质内涵，按照项目研究计划和研究要求进行工作，坚持理论联系实际的原则，立足教学实际，开展了大量的实践研究，并取得了一系列的成果。

成果一：提炼了"课前任务驱动——课中师生互动——课后培育自动"的"三动式"高效、激情课堂模式导学案设计的教学策略与措施。

成果二：让学生在课外主动自觉地学习地理知识。课外学习地理知识及课外研学活动资源的获取途径可以是多方面的，以此让学生学到活生生的地理知识。

课题的结题并不是我们进行课题研究的终极目标，而是新的起点。本课题组成员将继续秉承"不忘初心，砥砺前行"的信念，继续在地理教学的道路上摸索前行，为教育事业的高质量发展做出自己更大的贡献。

本书详细介绍了本课题研究的意义、目的、过程、成效等，以及课题组成员在实践研究中撰写的教学论文；也分享了课题组成员在研究中编写的一些教学案例以及学生的研学活动和成果等。但愿本书能为广大地理教师和从事教育教学研究的工作者开展新时代教育高质量发展的教学研究提供参考。

本课题的研究得到了清远市教育局以及清远市第一中学的大力支持。感谢清远市地理学科教研员、兄弟学校名师专家的指引，感谢清远市教师发展中心和原点教育机构的帮助，感谢全体课题组成员的努力工作！

本书的编撰和出版得到了清远市第一中学校领导的关怀和大力支持，得到了文远金老师的热心指点，还有许多关心此书的朋友。在此，一并表示感谢！

本书完成比较匆忙，研究还不够深入，有不妥之处，敬请读者批评指正！

范发平

2023 年 10 月